T0209875

Printed in the United States
By Bookmasters

بسم الله الرحمن الرحيم

إجراءات المعاينة
الفنية لمسرح الجريمة

المملكة الأردنية الهاشمية
رقم الإيداع لدى دائرة المكتبة الوطنية
(2010/8/2871)

345
الجبارة، عبد الفتاح عبد اللطيف.
إجراءات المعاينة الفنية لمسرح الجريمة/ عبد الفتاح عبد اللطيف الجبارة، - عمان : دار ومكتبة الحامد للنشر والتوزيع، 2010 .
( ) ص .
ر. إ. : (2010/8/2871) .
الواصفات :الجريمة//القانون الجنائي
*يتحمل المؤلف كامل المسؤولية القانونية عن محتوى مصنفه ولا يعبّر هذا المصنف عن رأي دائرة المكتبة الوطنية أو أي جهة حكومية أخرى.

❖ أعدت دائرة المكتبة الوطنية بيانات الفهرسة والتصنيف الأولية .

* (ردمك) ISBN 978-9957-32-549-7

الحامد

دار الحامد للنشر والتوزيع

شفا بدران - شارع العرب مقابل جامعة العلوم التطبيقية
هاتف: 00962- 5231081 فاكس : 00962- 5235594
ص.ب . (366) الرمز البريدي : (11941) عمان – الأردن

Site : www.daralhamed.net
E-mail : info@daralhamed.net
E-mail : daralhamed@yahoo.com
E-mail : dar_alhamed@hotmail.com

إجراءات المعاينة الفنية لمسرح الجريمة

إعداد

عبدالفتاح عبداللطيف الجبارة

الطبعة الأولى

2011م

الحامد

4

بسم الله الرحمن الرحيم

(الْيَوْمَ نَخْتِمُ عَلَى أَفْوَاهِهِمْ وَتُكَلِّمُنَا أَيْدِيهِمْ وَتَشْهَدُ أَرْجُلُهُمْ بِمَا كَانُوا يَكْسِبُونَ) (65)

صدق الله العظيم
سورة يس/ الآية

الإهـــــداء

إلى والدي الكريم

إلى والدتي، ودعائها الدائم لي صباح مساء

إلى زوجتي وأطفالي

إلى كافة المحققين وخبراء الأدلة الجنائية

الكاتب

المحتويات

مقدمة

يعد مسرح الجريمة ذا أهميه كبيره في مجال كشف الحوادث الجنائية لكونه مستودع أسرارها، ولكونه المكان الذي وقعت فيه الجريمة فأن هذا المسرح توجد فيه آثار مادية كثيرة، فالمجرم مهما كان حريصاً لابد أن يترك أثراً يدل عليه ويكشف سره، والمشكلة تكمن في مدى المحافظة على هذه الآثار وإمكانية نقلها وفحصها لمعرفة ظروف وملابسات الحادث. فمسرح الجريمة بالمفهوم الجنائي هو المكان الذي ارتكَبَ أو كان من المحتمل أن يرتكب فيه الجاني تصرفات قبل وقوع الجريمة وإثناء وقوعها وبعده، وترك فيه آثاراً تدل على ارتكاب الجريمة بعلم أو بدون علم.

وبما أن تحديد مسرح الجريمة والمحافظة عليه وعلى الآثار الموجودة فيه هو المفتاح لحل لغز الكثير من الجرائم الغامضة، فأن مهمة المحقق هذه تتطلب أن يتصف بصفة الباحث الجنائي والخبير في مسرح الجريمة، وبالتالي لا يقوم بهذه الإعمال إلا من يكون على دراية ومعرفة بكيفية الكشف على مسرح الجريمة والمحافظة على الآثار ورفعها وتحريزها وكيفية التعامل معها للحفاظ عليها حتى يمكن استنباط الدليل الجنائي الذي يثبت وقوع الجريمة ونسبتها إلى مرتكبها.

كما أن مسرح الجريمة هو الخطوة الأولى والهامة لبداية التعامل مع الجريمة، فإذا كانت الإجراءات المتخذة في مسرح الجريمة صحيحة صلح التحقيق في القضية، كما أن مسرح الجريمة سيزوره المختصون لمرة واحدة فلذلك يجب أن يكون الباحث الجنائي كفوء، وخبير الأدلة مقتدراً في رفع الآثار، وذلك لغرض الحفاظ على الآثار الموجودة بدقه وتحريزها ونقلها لغرض المضاهاة.

وفي عمليات البحث الجنائي عاملان مهمان هما الزمان والمكان، ولما كان الوقت يمر بسرعة فأنه من الصعب أن نطوعه لإغراضنا، في حين أن المكان يتميز بالثبات والاستقرار ومن ثم فأنه يحتفظ عاده بآثار الجريمة التي وقعت فيه،

وبالتالي يتعين على الباحث الجنائي أن ينتقل إلى مكان وقوع الجريمة بأسرع وقت ممكن وذلك لغرض الحفاظ على الآثار من التلف بسبب عوامل الجو الطبيعية أو تدخل الأشخاص الفضوليين أو قيام الجاني بالعبث بمسرح الجريمة لغرض إخفاء معالمها، وبالتالي يتعين على المحقق أن يتحفظ على مسرح الجريمة بكل دقه وعناية حتى لا تضيع هذه الأدلة.

وأخيراً فإن مكان ارتكاب الجريمة لا يجوز أن يترك دون معاينة وفحص دقيق مهما كان السبب حتى لو بدا أنه ليس ثمة أمل في العثور على دليل به.

وللإحاطة بموضوع الكتاب من جوانبه كافه سوف نتناول إجراءات المعاينة الفنية لمسرح الجريمة بثلاث فصول، نستعرض في الفصل الأول ماهية مسرح الجريمة، وفي الفصل الثاني الآثار المادية في مسرح الجريمة، وفي الفصل الثالث أهمية معاينة مسرح الجريمة ....

المؤلف

الفصل الأول
ماهية مسرح الجريمة

الفصل الأول
ماهية مسرح الجريمة

إن مسرح الجريمة هو مستودع سرها كما أنه المكان الذي يحتوي على الآثار المتخلفة عن ارتكابها، وتبرز الأهمية القصوى لإجراءات المعاينة الفنية لهذا المسرح كنقطة أساسية ينطلق منها مخطط البحث عن الحقيقة في أية جريمة، إذ انه أفضل الطرق للوصول إلى إثبات أو نفي وقوع الفعل الإجرامي وكيفية وقوعه ومدى علاقة المتهم بالجريمة وظروفها [1].

وبما أن الهدف من إجراءات المعاينة الفنية على مسرح الجريمة هو التعرف على نوع الجريمة وطريقة ارتكابها وجمع الأدلة والتعرف على الجاني، فإننا سوف نتناول هذا الفصل في ثلاث مباحث وعلى النحو الآتي:

المبحث الأول – مفهوم مسرح الجريمة.

المبحث الثاني – قواعد الانتقال إلى مسرح الجريمة.

المبحث الثالث – توثيق مسرح الجريمة.

---

[1] د. سعد أحمد محمود سلامه – مسرح الجريمة – الطبعة الأولى – دار الفكر العربي – القاهرة – 2007 – ص2.

المبحث الأول
مفهوم مسرح الجريمة

البحث في مفهوم مسرح الجريمة يتطلب البحث في تعريفه وتحديد أنواعه ونطاقه، وسوف نتناول ما تقدم كلاً في مطلب مستقل.

المطلب الأول
تعريف مسرح الجريمة

يراد بمسرح الجريمة الرقعة المكانية التي حدثت فوقها الواقعة الإجرامية بكافة جزئياتها ومراحلها وخاصة الحدث الإجرامي، بمعنى أن يحدد كل تغيير قد طرأ على الكيان المادي الذي يعلو سطح المكان الذي شهد حدوث الجريمة فوقه.

وغالباً ما يكون مسرح الجريمة ظاهراً أو محدداً في الجرائم ذات النتيجة، وذلك على خلاف الجرائم الشكلية والتي تتمثل بجرائم السلوك المجرد، حيث يسمى (مكان) وليس (مسرح). وتحديداً لذلك فأن الجريمة المادية هي التي تتميز بوجود مسرح لها يجري عليه السلوك الإجرامي والحدث الضار أو الخطر الناشئ عنه ومثالها جرائم القتل والسرقة من مكان مسكون فهنا يقع كل منها على مجني عليه محدد، وذلك على عكس الجرائم غير محددة المجني عليه، مثل البيع بأكثر من التسعيرة.

على آية حال فأن الجريمة سواء كانت من الجرائم الشكلية أم من الجرائم ذات النتيجة فيجوز أن تتم المعاينة سواء كان مسرح جريمة أو مكانها، وكل ما في الأمر أن مسرح الجريمة يتوافر بوضوح في جريمة الحدث الضار أو الخطر [1].

---

[1] ألبير شافان وآخرون – جرائم ذات الخطر العام – ترجمة إستبرق صائب السامرائي – بغداد مطبعة المسرّة – 2001- ص21 وما بعدها.

كما يقصد بمسرح الجريمة المكان أو مجموعة الأماكن التي تشهد مراحل تنفيذ الجريمة وتحتوي على الآثار المتخلفة من ارتكابها، أو هو المكان الذي تنبثق منه معظم الأدلة، فهو الذي يعطي الباحث الجنائي الخيط الأول في البحث عن الجاني ويكشف النقاب عن الأدلة المؤيدة للاتهام، وهو المكان الذي يصلح لإعادة تصوير بناء الجريمة مره ثانيه، أي يمكن فيه تمثيل أحداث الجريمة كما وقعت، وهو الشاهد الصامت ذو الحجة القوية والمرآة العاكسة لكل الإحداث التي مرت به، ويشمل المكان الذي ارتكب فيه الجاني جريمته، والأماكن التي أخفيت فيها أدوات الجريمة والمكان الذي اختفى فيه بعد الجريمة [(1)].

كما يقصد بمسرح الجريمة المكان أو مجموعة الأماكن التي تشهد مرحلة تنفيذ الجريمة واحتوى على الآثار المتخلفة عن ارتكابها، ويعتبر ملحقاً لمسرح الجريمة كل مكان شهد مرحله من مراحلها المتعددة، أو انه المساحة المشتملة على أماكن وقوع الجريمة [(2)].

والبعض عرف مسرح الجريمة بأنه ذلك المكان الذي يحدث فيه تنفيذاً لجريمة احتكاك عنيف للجاني بمحتوى سطحها المادي سواء كان هذا المحتوى شخصاً أو شيئاً[(3)].

---

(1) جزاء غازي العصيمي – إسهام البحث الجنائي في الكشف عن الجرائم ألمقيده ضد مجهول – الطبعة الأولى – الرياض- 2002 – ص22.

(2) د. فادي الحبشي – المعاينة الفنية لمسرح الجريمة- دار النشر- بالمركز العربي للدراسات والتدريب- الرياض- 1995-ص32.

(3) د. طه احمد متولي- التحقيق الجنائي وفن استنطاق مسرح الجريمة – منشأة المعارف- الاسكندريه – 2000 – ص18

وذهب رأي آخر إلى تعريف مسرح الجريمة بأنه المكان أو مجموعة الأماكن التي تشهد مرحلة تنفيذ الجريمة واحتواءه على الآثار المتخلفة على ارتكابها، ويعتبر ملحقاً به كل مكان شهد مرحلة من مراحلها المتعددة [1].

وهناك تعاريف أخرى لمسرح الجريمة، فعرفه البعض بأنه المكان الذي تنبثق منه كافة الأدلة، فهو الذي يزود ضابط التحقيق أو المحقق بنقطة البدء في بحثه عن الفاعل، ويكشف عن معلومات هامه لمن يفد بعد ذلك من الأخصائيين. لذلك فآن مسرح الجريمة أما أن يكون مكانا واحد أو عدة أماكن متصلة أو متباعدة تكون في مجملها مسرح الجريمة، فكل مكان يستدل منه على أثر مرتبط بالجريمة محل البحث يكون جزءً من مسرحها[2].

كما عرفه البعض بأنه مكان ارتكاب الجريمة الرئيسي، فهو مقصد المجرم لاقتراف جريمته حيث يدخل إليه بوسيلته الخاصة، ويبقى فيه فتره يعبث بمحتوياته أو يلتقي بالمجني عليه فيه ثم يغادره، وسواء حقق هدفه من الجريمة أم خاب أمله في ذلك، فالمكان الرئيسي لفعل الجاني هو مستودع كل ما ارتكب من أفعال بداخله وهو الشاهد الصامت وهو مسرح الجريمة الواقعي والفعلي[3].

ويوضح هذا التعريف أن مسرح الجريمة هو المكان الحقيقي أو الفعلي أو الرئيسي الذي ارتكبت الجريمة فيه، أما غير ذلك من الأماكن التي يعثر فيها على دليل أو آثار بالحادث فجميعها يرجع الفضل في التَعرُّف عليها إلى المسرح الحقيقي للجريمة، ويمكن أن نطلق عليها الأماكن المتصلة بالحادث أو بالمسرح الحقيقي، فتدخل فيها الطرق المؤدية للمسرح والتي سلكها الجناة، وكذلك طرق مغادرتهم

---

(1) عبدالله عبد العزيز المسعد. إجراءات المعاينة آلفنيه لمسرح الحدث الإرهابي - رسالة ماجستير مقدمه إلى جامعة نايف العربية للعلوم الأمنية- الرياض- 2006 - ص45

(2) د. محمد محمد عنب - المعاينة الفنية لمسرح الجريمة - رسالة دكتوراه مقدمه إلى كلية الدراسات العليا - أكاديمية الشرطة - القاهرة - 1988- ص125

(3) عبدالواحد أمام عيسى- الموسوعة الذهبية في التحريات- دار المعارف- 1966 - ص22.

لمحل الحادث. كما يندرج فيه أماكن الإخفاء، فقد يعمد الجاني إلى تضليل المحققين بأن يقوم بالتخلص من أداة الجريمة أو جسم الجريمة ذاته بأن يغير مكان ارتكابها، مثال ذلك قيام الجاني بنقل جثة المجني عليه إلى مكان آخر، فهذا المكان يطلق عليه مكان الإخفاء ويمكن العثور فيه أيضاً على بعض الآثار[1].

وعرف بأنه أي موقع أو مادة مرتبطة بالجريمة[2]، ومسرح الجريمة هو المكان الذي انتهت فيه أدوار النشاط الإجرامي، ويبدأ منه نشاط المحقق الجنائي وأعوانه بقصد البحث عن الجاني من واقع الآثار التي خلفها في مسرح الجريمة، والتي تعد بمثابة الشاهد الصامت، الذي إذا أحسن المحقق الجنائي استنطاقه حصل على معلومات مؤكده لا يخونها التعبير ولا تؤثر فيها المؤثرات الاجتماعية وتتصف بالثبات والدوام[3].

ويعرف مسرح الجريمة بأنه المكان الذي تنبثق منه كافة الأدلة ويعطي ضابط الشرطة شرارة البدء في البحث عن الجاني ويكشف النقاب عن الأدلة المؤيدة للاتهام، ويصلح لإعادة بناء الجريمة[4].

ونظراً للتطور الفني في مجال رصد واستنباط المتغيرات التي تمت في مكان ارتكاب الجريمة، لذا لا يُكتفى غالباً بالمعاينة التي تعتمد على حواس الإنسان فقط ولكن قد تتدخل المعدات والاجهزه الفنية والعلمية، مثل أجهزة التصوير الفوتوغرافي والأشعة تحت البنفسجية وفوق الحمراء وأجهزة القياس مثل المتر

---

(1) د. عمر السعيد رمضان – مبادئ قانون الإجراءات الجنائية- جـ 2 – دار النهضة العربية- 1984 – ص282.

(2) Inman,keith,and,Norah(2001)principles, and practice of criminolistics , Bocoi: CRC press inc-p 102.

(3) د. معجب معدي الحويقل – دور الأثر المادي في الإثبات الجنائي – الطبعة الأولى – الرياض – 1999 – ص15.

(4) د. قدري عبد الفتاح الشهاوي – أصول وأساليب البحث الجنائي- عالم الكتب- القاهرة -1996 – ص52.

المعدني، فضلا عن البوصلة لبيان موقع كل شيء بالنسبة لمكان المجني عليه، وذلك لإثبات ما تم في مسرح الجريمة، كما لا يعتمد على فرد واحد يقوم بهذه المهمة، ولكن قد يتم تكليف أكثر من شخص لرصد كافة المتغيرات[1].

ومن خلال تلك الآراء يمكن القول إنها تنصب في معنى واحد مع اختلاف في الصياغة، وبالتالي يمكننا تعريف مسرح الجريمة بأنه المكان أو مجموعة الأماكن التي تشهد مراحل تنفيذ الجريمة والتي تحتوي على الآثار المتخلفة عن ارتكابها.

المطلب الثاني

أنواع مسرح الجريمة

تتعدد الأماكن التي يمكن أن تكون محلاً لارتكاب الجرائم، وهو تعدد لا يمكن إخضاعه لحصر مسبق، ويمكن تقسيم مسرح الجريمة إلى أربعة أنواع الأول مسرح الجريمة المغلق، والثاني مسرح الجريمة المفتوح، والثالث مسرح الجريمة تحت الماء، والرابع مسرح الجريمة المتحرك. ولكل نوع خصائصه التي يجب أن يتم التعامل معها بطريقه تختلف عن النوع الآخر بحيث يتم تحقيق الصالح العام في الكشف عن غموض الجرائم.

الفرع الأول - مسرح الجريمة المغلق:

وهو المكان المحدد الذي ارتكبت فيه الجريمة أي يمكن غلقه، ولا يجوز التردد عليه، وهو الذي يوجد داخل المباني السكنية أو التجارية وكل الأماكن التي يمكن غلقها والسيطرة عليها، ويشمل المسرح أيضاً أماكن الدخول والخروج، هذا

---

[1] د. سعد أحمد محمود سلامه- مصدر سابق- ص5.

24

بالاضافه إلى ملحقات المسرح من ابنيه وكذلك منطقة السلم والدهاليز. واهم خصائص المسرح المغلق ما يلي:

أولا- له مدخل ومنافذ يمكن فحصها ومعاينتها، يتمثل في باب المكان والذي يمكن فحصه وتحديد طريقة الدخول، والأداة المستخدمة للوصول إلى داخل مسرح الجريمة.

ثانيا- معاينة المسرح المغلق تساعد على تحديد الباعث على الجريمة، مثال ذلك عند التحقق من وجود مواد منوية يعني أن الجاني مارس الجنس أو حاول ذلك.

ثالثا- تحديد وقت ارتكاب الجريمة، فالعثور على آثار متخلفة عن الجاني في مكان الحادث قد تفيد في إثبات وقت ارتكابها، مثال ذلك العثور على أداة اضاءه يدوية تم استخدامها في الحادث تُفيد بأن الجريمة ارتكبت ليلاً.

رابعا- تحديد عدد الجناة المنفذين ووجود دور لكل منهم، مثال ذلك نقل خزينة كبيره وثقيلة أو تحريكها من مكانها دليل على تعدد الجناة[1].

وبتقديرنا أن خصائص المسرح المغلق لا تقتصر على ما تقدم، بل هو يعني خطورة الفاعل، فأقتحام الأماكن المغلقة لارتكاب جريمة ما يتطلب جرأه ومخاطره، والجرأه والمخاطرة دليل على الخطورة، لذلك نجد أن المشرع العراقي يقرر في الغالب عقوبة اشد لمرتكبي السرقات في الأماكن المغلقة، بعكس الجرائم المرتكبة في أماكن مفتوحة حيث يقرر لها عقوبة اخف[2].

---

[1] د. سعد أحمد محمود سلامه - مصدر سابق - ص6.

[2] قارن في ذلك بين العقوبة المقررة لمرتكبي جريمة السرقة وفق المادة 446 ق ع من قانون العقوبات رقم 111 لسنة 1969 المعدل، والعقوبة المقررة لمرتكبي جرائم السرقات في المواد (441، 442، 443، 444) منه.

الفرع الثاني – مسرح الجريمة المفتوح:

يعتبر مسرح الجريمة مفتوحاً في حال عدم وجود حدود لـه، ويطلـق عليهـا مسـارح الجرائم خارج المباني، كالأماكن الزراعية والحدائق والطرقات، بمعنى الأماكن التي تقـع خـارج الأماكن السكنية والمبنية بصفة عامة ولا يمكن غلقها والسيطرة عليها، فهـي غير محـدده بأسوار وجدران، ومن سمات هذا المسرح كما يرى البعض مايلي:

أولا- يساعد على تحديد مكان ارتكاب الجريمـة ومـا اذا كانـت قـد ارتكبـت فيـه مـن عدمه، مثال ذلك وجود الجثة المعثور عليها وعـدم وجـود آثار دماء بالمكان الذي عثر عليها فيه يدل على نقل الجثة من مسرح الجريمة.

ثانيا- المسرح المفتوح يحدد خط سير الجناة في الوصول إليه أو الهـرب منـه والوسيلة المستخدمة، مثال ذلك آثار إطارات السيارات على الارض.

ثالثا- يحـدد الصلة بين الجاني والمجني عليه في حـال اذا تـم اسـتدراجه إليـه أو بمحـض رغبته ومثالها آثار العنف[1].

ونعتقد أن هذه الخصائص قد نجدها في المسرح المغلق، فهـي لا تقتصـر عـلى المسـرح المفتوح حصراً، غير أن ما يجب التأكيد عليه هو ضرورة إسراع المحقق - في المسـرح المفتـوح- إلى الوصول إليه والمحافظة عليه وعلى الآثار الموجودة فيه، بسبب أن الوصول إلى المسـرح المفتوح مسموح به للجميع، فبأماكن أي شخص معاينته أو العبث فيه إن لم يهيئ المحقق من يحافظ على المكان ويحرسـه لحين الانتهاء مـن إجراءات الكشف والبحث عـلى الآثار ونقلها.

---

[1] د. سعد أحمد محمود سلامه – مصدر سابق – ص6.

الفرع الثالث – مسرح الجريمة تحت الماء:

أحياناً يرتكب المجرمون جرائمهم تحت الماء أو يرتكبونها في اليابسة ويلقون بالأداة المستخدمة في الجريمة في الماء، كمن يلقي بجثة المجني عليه بعد قتله في الماء وبعد عدة أيام تطفو الجثة بعد أن تُصاب بالتعفن الرمي، وقد لا تطفو في حال ربط الجثة بجسم ثقيل الوزن كالحجر الكبير أو قطعه كبيره من الحديد أو غير ذلك من المواد التي تمنع الجثة من الطفو فوق الماء فتظل مطمورة في العمق والتي قد تتطلب إنزال غواصين للبحث عنها [1].

وللحفاظ على مسرح الجريمة تحت الماء تتبع ترتيبات أخرى تختلف عن ترتيبات المحافظة على مسارح الجرائم في اليابسة، ونظراً لوجود تيارات مائية قد تحرك الآثار أو جسم الجريمة أسفل الماء فتنقله إلى مكان بعيد عن المكان الذي ارتكبت في الجريمة أو القي فيه بالآثار المادية أو أداة ارتكاب الجريمة، وبالتالي فأن المحافظة على مسرح الجريمة يتطلب حساب سرعة التيارات المائية واتجاهها وكثافة الشيء المطلوب البحث عنه وأخذ المسافة المناسبة التي يمكن أن يتحرك فيها الأثر المادي بسبب حركة الماء بنظر الاعتبار.

الفرع الرابع – مسرح الجريمة المتحرك:

يتنوع مسرح الجريمة كذلك حسب شكل المكان الذي ارتكبت فيه الجريمة عقاراً أم كان منقولاً، ومسرح الجريمة العقاري هو الذي يقع على أرض ثابتة، أما مسرح الجريمة المنقول فيقع في أماكن متحركة بطبيعتها مثال ذلك الجرائم التي تقع في السيارات والسفن والقطارات والطائرات [2].

---

[1] سامي حارب المنذري وآخرون – موسوعة العلوم الجنائية (تقنية الحصول على الآثار والأدلة المادية) – الجزء الأول – مركز بحوث الشرطة – الشارقة- 2007 – ص96.

[2] عبدالله عبد العزيز المسعد – مصدر سابق – ص55.

ورغم التنوع السابق لمسرح الجريمة إلا أنها تبقى جميعها مستودع آثار الجريمة، فهي الأماكن التي تنصب عليها إجراءات المعاينة الفنية كأجراء من إجراءات التحقيق في الجريمة، ووسيلة لاستنطاق هذا المسرح وصولاً إلى تحديد شخصية مرتكب الجريمة وإثباتاً لاتهامه بارتكابها.

المطلب الثالث
نطاق مسرح الجريمة

إن تحديد مفهوم مسرح الجريمة وبيان نطاقه من الأمور الهامة في مجال جمع الاستدلالات والتحقيق الجنائي لجمع الأدلة الجنائية، وذلك لبيان الاختصاص من تحديد مكان السلوك الإجرامي، وكذلك لبيان مدى حدود السلطة الممنوحة لمأمور الضبط القضائي في حالات التلبس، بالاضافه إلى تحديد أدوار الجناة وأماكن تواجد الشهود التي تفيد في تصور المحقق والقاضي عن كيفية وقوع الجريمة والأداة المستخدمة خاصة في الحوادث التي ترتكب بالاسلحه النارية طويلة المدى، وتحديد المسافة بين مطلق النار والمصاب ومكان الإطلاق وإمكانية مشاهدة الشاهد للواقعة وإمكانية حدوثها والسبيل الذي سلكه الجناة للهروب بعد ارتكابهم الجريمة[1].

وقد تباينت الآراء حول النطاق الذي يمتد إليه مسرح الجريمة واتجهت بعضها إلى توسيعه، بينما اتجهت آراء أخرى إلى حصره في نطاق ضيق، ولتحديد نطاق مسرح الجريمة نتناول الموضوع من زاويتين وكما يلي:

---

[1] سامي حارب المنذري وآخرون- مصدر سابق – ص89.

الفرع الأول - تحديد النطاق المكاني لمسرح الجريمة:

نصت المادة 53/أ من قانون أصول المحاكمات الجزائية على أنه: ((يحدد اختصاص التحقيق بالمكان الذي وقعت فيه الجريمة كلها أو جزء منها أو أي فعل متمم لها أو أية نتيجة ترتبت عليها أو فعل يكون جزءً من جريمة مركبه أو مستمرة أو متتابعة أو من جرائم العادة كما يحدد بالمكان الذي وجد المجني عليه فيه أو وجد فيه المال الذي ارتكبت الجريمة بشأنه بعد نقله إليه بواسطة مرتكبها أو شخص عالم بها)).

وأجمع الخبراء في مجال البحث الجنائي بمختلف دول العالم على أن مسرح الجريمة أو مكان الجريمة هو مستودع سرها لاحتوائه على الآثار المادية والأدلة الجنائية التي تؤدي إلى كشف الحقيقة، مما دفع البعض منهم إلى التوسع في تحديد نطاق مكان ارتكاب الجريمة، فهو يمتد بنظرهم إلى الأماكن المجاورة من طرقات وأماكن عامه للبحث عن الآثار المادية المتعلقة بالحادث فالتوسع في تحديد نطاق مسرح الجريمة يهدف اذا إلى إيجاد فرصه أكبر للحصول على الدليل الجنائي.

إلا انه لبيان مسرح الجريمة من ناحية المساهمة في ارتكاب الجريمة اختلفت التشريعات في دول العالم وانقسمت إلى اتجاهين:

الاتجاه الأول- يوسع معيار الفاعل الأصلي فوصل به الحال إلى الأخذ بمجرد الظهور على مسرح الجريمة أثناء ارتكابها يشد من أزر الآخرين، ومن بين هذه التشريعات التشريع العراقي[1].

الاتجاه الثاني- فأنه يميل إلى التضييق من معيار الفاعل الأصلي ويتطلب ضرورة القيام بالفعل المادي المكون للجريمة أو جزء منه أو على الأقل البدء فيه ومن هذه التشريعات المصري والليبي[2].

---

(1) نصت المادة 49 من قانون العقوبات العراقي على أنه: ((يعد فاعلاً للجريمة كل شريك بحكم المادة 48 كان حاضراً أثناء ارتكاب أي فعل من الأفعال المكونة لها)).

(2) د. سعد أحمد محمود سلامه - مصدر سابق - ص16.

وكذلك الحال بالنسبة لفقهاء القانون الجنائي فأن هناك اتجاهين لتحديد مسرح الجريمة:

الاتجاه الأول- يميل إلى التوسع في تحديد معيار الفاعل الأصلي وبالتالي التوسع في مفهوم مسرح الجريمة.

الاتجاه الثاني- لا يكتفي بمعيار التواجد على مسرح الجريمة فيحدد مكان ارتكاب الجريمة بالمكان الذي ارتكبت فيه الجريمة أو جزءً منها بالفعل، ويغلب هذه الآراء الطابع القانوني والرغبة في تحديد الفاعل الأصلي والشريك [1].

وبنظرنا المتواضع نرى أن مسرح الجريمة يجب أن يتسع ويمتد ليشمل مكان ارتكاب الجريمة الفعلي وأي مكان آخر ارتكب فيه جزء أو أجزاء من الجريمة أو نقلت إليه أداة الجريمة أو المواد المتحصله منها أو أخفي فيه الشيء محل الجريمة أو الشخص الذي كان ضحية لها، كأماكن حفظ المخطوفين والمحتجزين بدون حق. ومثل هذا التوسع يتطلب من المحقق جهداً أكبر لكنه في النتيجة يؤدي إلى احتمالات أكثر للحصول على أدله معتبرة.

الفرع الثاني - تحديد النطاق الزماني لمسرح الجريمة:

لا يتم الكشف إلا اذا انتقل المحقق إلى مكان أو مسرح الجريمة وكلما كان انتقاله سريعاً كلما كان ذلك أفضل، وقد قيل: ((إن لساعات البحث الأولى قيمه لاتقدر، لأن الوقت الذي يمر هو الحقيقة التي تَفُر)). فعامل الزمن المتمثل بالسرعة له أهميه قصوى في ضبط الأدلة، ويتوقف نجاح المحقق على مدى استفادته من عامل الزمن، فمرور وقت طويل على ارتكاب الجريمة قد يؤدي إلى ضياع أو تغيير معالمها أما بفعل الطبيعة كالرياح أو الأمطار، أو بفعل الأشخاص الذين لهم

---

[1] د. فوزيه عبدالستار - شرح قانون الإجراءات الجنائية - دار النهضة العربية - القاهرة - 1989- ص182.

علاقة بالحادث، أو بفعل أشخاص لا تربطهم أية صله ولكنهم يعبثون بها من باب العبث لا غير [1].

المشرع العراقي لم ينص في قانون أصول المحاكمات الجزائية على زمن معين لإجراء المعاينة، إلا انه يمكن استنباط عامل السرعة من النصوص الواردة فيه وتأكيده عليه فقد أوجبت المادة 43 منه: ((على عضو الضبط القضائي في حدود اختصاصه إذا أخبر عن جريمة مشهودة أو اتصل علمه بها أن يخبر قاضي التحقيق والادعاء العام بوقوعها وأن ينتقل فوراً إلى محل الحادث، ويدون إفادة المجني عليه، ويسأل المتهم عن التهمه المسندة إليه شفوياً، ويضبط الأسلحة وكل ما يظهر انه استعمل في ارتكاب الجريمة، ويعاين آثارها المادية ويحافظ عليها، ويثبت حالة الأشخاص والأماكن وكل ما يفيد في اكتشاف الجريمة، ويسمع أقوال من كان حاضراً أو من يمكن الحصول منه على إيضاحات في شأن الجريمة ومرتكبها وينظم محضرا بذلك)).

ومن نص المادة 43 من قانون أصول المحاكمات الجزائية يتضح أن المشرـع العراقي أوجب على المحقق وعضو الضبط القضائي في حدود اختصاصه اذا أخبر عـن جريمة مشهودة أو اتصل علمه بها أن يخبر قاضي التحقيق وعضو الادعاء العام وينتقل فوراً إلى محل الحادث وذلك لغرض الحفاظ على مسرح الجريمة، أي أن الانتقال إلى محل الحادث يكون حـال تلقـي البلاغ أو بعده مباشره وجوباً.

كما نصت المادة 44 من قانون أصول المحاكمات الجزائية عـلى انه: ((لعضو الضبط القضائي عند انتقاله إلى محل الجريمة المشهودة أن يمنع الحاضرين من مبارحة محل الواقعـة أو الابتعاد عنه حتى يتم تحرير المحضر، وله

---

[1] د. سلطان الشاوي – أصول التحقيق الإجرامي – بغداد – مطبعة جامعة بغداد. 1981-ص52.

31

أن يحضر في الحال كل شخص يمكن الحصول منه على إيضاحات بشأنها، وإذا خـالف احـد هذه الأمور فيدون ذلك في المحضر)).

أما المادة 49 من قانون أصول المحاكمات الجزائية فتنص على أنه: ((تنتهي مهمة عضو الضبط القضائي بحضور قاضي التحقيق أو المحقق أو ممثل الادعاء العـام إلا فيمـا يكلـف بـه هؤلاء)).

كذلك نصت المادة 52/ب من قانون أصول المحاكمات الجزائيـة عـلى أنـه: ((يجـري الكشف من قبل المحقق أو القاضي على مكـان وقوع الحادثـة لاتخـاذ الإجـراءات المنصـوص عليها في المـادة 43 ووصـف الآثـار الماديـة للجريمـة والأضرار الحاصـلة بالمجنـي عليـه وبيـان السبب الظاهر للوفاة إن وجدت وتنظيم مرتسم للمكان)).

وكذلك جاء نص المادة 52/جـ من قانون أصول المحـاكمات الجزائيـة عـلى أنـه: ((اذا أخبر قاضي التحقيق بجناية مشهودة وجب عليه أن يبـادر بالانتقـال إلى محـل الحادثـة كلـما كان ذلك ممكناً لاتخـاذ الإجـراءات المنصـوص عليهـا في الفقـرة ب وأن يخـبر الادعـاء العـام بذلك)).

ويستفاد من النصوص المتقدمة تأكيد المشرع على الانتقال الفوري إلى مكان الحـادث في الجرائم المشهودة، غـير أنه لم يشترط ذلـك في الجـرائم الأخـرى، ونـرى أن الانتقـال الفـوري لمكان الحادث بعد تلقي المحقق أو قاضي التحقيق للشكوى والإخبار هو ضرورة وعـلى غايـة الاهميه سواء كانت الجريمة مشهودة أم لا. فقد يمضي يـوم مـثلاً عـلى ارتكابهـا عنـدها تُعـد الجريمة غير مشهودة هذا من جهة، كما أن المشرع أوجب الأخبار الفوري عـن الجـرائم التـي تحرك الدعوى الجزائية سواء كانت الجريمة مشهودة أم لا[1]، لذا يكون مـن غـير المناسـب أن توجب الإخبار

_____

[1] تنص المادة (48) من قانون أصول المحاكمات الجزائية على أنه: ((كل مكلـف بخدمـه عامـه علـم أثنـاء تأديتـه عمله أو بسبب تأديته بوقوع جريمة أو اشتبه في وقوع جريمة تحرك الدعوى فيها بلا شكوى، وكـل مـن قـدم مساعده بحكم مهنته الطبية في حاله يشتبه معها بوقوع جريمة،

الفوري على المكلفين بخدمه عامه وغيرهم ممن حضر ارتكاب جناية، ويترك المجال واسعاً أمام المحقق وقاضي التحقيق لإجراء الكشف وقت ما يشاء، والحياة العملية في مجال التحقيق تؤكد لنا تراخي المحققين وقضاة التحقيق في هذا المجال كثيراً، كما أن الكثير من جرائم الجنح على درجه كبيره من الخطورة، ولذلك كله نقترح تعديل نص المادة (52/جـ) من قانون أصول المحاكمات الجزائية وجعلها كما يلي: ((اذا أخبر قاضي التحقيق بجناية أو جنحه وجب عليه أن يبادر بالانتقال إلى محل الحادثة كلما كان ذلك ممكناً على أن يراعي عامل السرعة في اتخاذ الإجراءات المنصوص عليها في الفقرة ب وأن يخبر الادعاء العام بذلك)).

ويسير المشرع الأمارتي في الاتجاه ذاته، حيث يشترط الانتقال الفوري لمكان الحادث في الجرائم المتلبس بها أي الجرائم المشهودة ويعني ذلك أنه لا يشترط ذلك في غيرها من الجرائم فقد جاء نص المادة (43) إجراءات جزائية إماراتي بأنه: ((على مأمور الضبط القضائي في حال التلبس بجريمة أن ينتقل فوراً إلى محل الواقعة ويعاين الآثار المادية للجريمة ويحافظ عليها ويثبت حالة الأماكن والأشخاص وكل ما يفيد في كشف الحقيقة، ويسمع أقوال من كان حاضراً أو من يمكن الحصول منه على إيضاحات في شأن الواقعة ومرتكبها، وعليه إخطار النيابة العامة فوراً، وعلى النيابة العامة الانتقال فوراً إلى محل الواقعة بمجرد إخطارها بجناية متلبس بها)). ورغم أن المشرع الإماراتي لم يحدد زمن يتم فيه إجراء المعاينة إلا انه يفهم من نص المادة السابقة على أن الانتقال إلى مسرح الجريمة يكون على وجه السرعة كما عبر عنه النص بانتقال مأمور الضبط القضائي في حال التلبس بجريمة بصوره فوريه لمحل الواقعة وإخطار النيابة فوراً بانتقاله.

وكل شخص كان حاضراً ارتكاب جناية، عليهم أن يخبروا فوراً أحد ممن ذكروا في المادة 47)).

وبناءاً عليه تقوم النيابة بالانتقال فوراً أيضا إلى محل الحادث بمجرد إخطارها، ولكن هنا الانتقال الوجوبي للنيابة العامة قاصر على الجنايات المتلبس بها أما في الوقائع الأخرى فأن تقدير الوضع في كل واقعه يخضع لتقدير النيابة العامة وما إذا كان يتطلب انتقالها أم لا أو انتداب مأمور الضبط لذلك، غير أن مأمور الضبط القضائي عليه الانتقال في كل الحالات. ويتبين أن المشرع استخدم كلمة فوراً كما استخدم عبارة (في حال التلبس بجريمة) في المادة 43 إجراءات جزائية أماراتي فهي تشمل بنظرنا حالة التلبس بجناية أو جنحه طالما وردت كلمة (الجريمة) مطلقه، وبهذا يكون مفهوم النص أن زمن الانتقال لمسرح الجريمة لإجراء المعاينة الفنية يأتي عقب ارتكاب الجريمة وعلم السلطات بوقوعها، سواءً من خلال البلاغات والشكاوي أو من خلال التحريات أو في حالات التلبس[1].

أما المشرع المصري فلم يشترط إجراء المعاينة في زمن محدد، لكنه يفهم من النصوص الواردة في قانون الإجراءات الجنائية وجوب إجرائها عقب ارتكاب الجريمة مباشرة، وقد نصت المادة 24 الفقرة الأولى من القانون المذكور على أنه: ((يجب على مأموري الضبط القضائي أن يقبلوا التبليغات والشكاوي التي ترد إليهم بشأن الجرائم وأن يبعثوا بها فوراً إلى النيابة العامة، ويجب عليهم وعلى مرؤوسيهم أن يحصلوا على جميع الإيضاحات ويجروا المعاينة اللازمة لتسهيل التحقيق في الواقعة التي يبلغ بها)). كذلك نصت المادة (3) الفقرة الأولى من قانون الإجراءات الجنائية المصري على أنه: ((يجب على مأمور الضبط القضائي في حال التلبس بجناية أو جنحه أن ينتقل فورا إلى محل الواقعة ويعاين الآثار المادية ويحافظ عليها)) [2].

---

[1] سامي حارب المنذري وآخرون- مصدر سابق- ص91.

[2] د. عبدالعزيز حمدي – البحث الفني في مجال الجريمة – سلسلة كشف الجريمة بالوسائل العلمية الحديثة - عالم الكتب- القاهرة – الطبعة الأولى- 1973- ص118

ويتبين مـن نـص المـادتين السـابقتين أن المشرـع المصري اسـتخدم كلمـة فـوراً وتـأتي الفورية في المادة (24) بعد قبول التبليغات والشكاوي بشـأن الجـرائم، وبهـذا يكـون المفهـوم من النص أن زمن الانتقال للمعاينة يأتي عقـب حصـول حالـة التلـبس أو بمجـرد تـوافر حالـة التلبس.

المبحث الثاني
قواعد الانتقال إلى مسرح الجريمة

للانتقال إلى مسرح الجريمة إجراءات يجب على المحقق إتباعها لغرض المحافظة عليه وضبط الآثار ونقلها والاستفادة منها ومنع المتهم والفضوليين من العبث فيه، وحيث أن الانتقال لمحل الحادث والكشف عليه لا يكون إلا بعد تلقي بلاغ بوقوع جريمة سواء كان البلاغ في صورة شكوى أو إخبار حيث يكون الكشف ضرورة من ضرورات التثبت من صدق البلاغ[1]، إضافة إلى التثبت من الأدلة ونحوها من فوائد الكشف، لذا سوف نتناول دراسة هذا الموضوع من خلال ثلاثة مطالب الأول نعرض فيه تلقي البلاغ والثاني نوضح فيه الانتقال والمحافظة على مسرح الجريمة والثالث نبين فيه معوقات الحفاظ على مسرح الجريمة.

المطلب الأول
تلـــقي البـــــلاغ

في هذا الفرع نتناول أمرين أساسيين: الأول: وسائل تحريك الدعوى الجزائية ومن له الحق في تحريكها، والثاني: تحريك الدعوى الجزائية في حالة الجرم المشهود، كما يأتي:

---

[1] كثيرة هي صور جرائم الأخبار الكاذب، حيث يكون الانتقال إلى محل الحادث والكشف الموقعي إجراء مهم لإثبات عدم مصداقية المخبر في إخباره أو المشتكي في شكواه. من ذلك على سبيل المثال: المادة (179) من قانون العقوبات بإشاعة إخبار كاذبة من شأنها الإضرار بالاستعدادات الحربية، والمادة (1) من القانون ذاته المتعلقة بنشر أخبار كاذبة من شأنها تكدير الأمن العام، والمادة (243) من ذات القانون والمتعلقة بإخبار السلطات المختصة عن جريمة بعلم أنها لم تقع مع علمه بكذب إخباره، والمادة (244) من ذات القانون فيما يتعلق بإخبار السلطات المختصة كذباً عن وقوع كارثة أو حادثه أو خطر.

الفرع الأول- وسائل تحريك الدعوى الجزائية ومن له الحق في تحريك الدعوى:

تحريك الدعوى الجزائية هو نقطة البداية في الدعوى الجزائية [1]، وتحديد من له الحق في تحريك الدعوى الجزائية ووسيلته في ذلك تناولته الفقرة (أ) من المادة (1) من قانون أصول المحاكمات الجزائية بقولها: ((أ- تحرك الدعوى الجزائية بشكوى شفوية أو تحريرية تقدم إلى قاضي التحقيق أو المحقق أو أي مسؤول في مركز الشرطة أو أي من أعضاء الضبط القضائي من المتضرر من الجريمة أو من يقوم مقامه قانوناً أو أي شخص علم بوقوعها أو بإخبار يقدم إلى أي منهم من الادعاء العام، ما لم ينص القانون على خلاف ذلك)). والنص واضح الدلالة في إعطاء الحق أولا إلى المتضرر من الجريمة وهو المشتكي و وسيلته في ذلك الشكوى، ثم إلى المخبر عن طريق التقدم بإخبار، يضاف إلى ما تقدم أن القانون وفي الفقرة الأخيرة ذكر ((ما لم ينص القانون على خلاف ذلك))، وفي القانون نجد حالات متعددة تحرك الدعوى الجزائية فيها إما بقرار من القضاء أو بطلب من جهة الإدارة، والوسائل المتقدمة سنتناولها بالشرح تبعاً.

أولاً- الشكوى:

لكي تتمكن السلطة القضائية من تحريك الدعوى الجزائية ينبغي أن يتصل علمها بوقوع جريمة، والعلم غالبا ما يتم عن طريق المجني عليه أو المتضرر من الجريمة، وهو ما يسمى (المشتكي) أو (المدعي بالحق الشخصي) [2]. وتكَلّمت عن هذه الوسيلة المادة (1) من قانون أصول المحاكمات الجزائية بقولها: ((أ- تحرك الدعوى الجزائية بشكوى شفوية أو تحريرية. . . .)).

---

[1] د. جلال ثروت- نظم الإجراءات الجنائية - بيروت - 1987- ص10.

[2] د. سامي النصراوي - دراسة في أصول المحاكمات الجزائية - الجزء الأول - مطبعه دار السلام - بغداد. 1976- ص139

ويعني ما تقدم أن القانون لا يشترط شكلاً معيناً في الشكوى أو نموذجاً خاصاً لها، فبإمكان المشتكي أن يتقدم بشكواه إلى الجهة المختصة بقبول الشكوى (شفهياً) أو(تحريريا)، حيث لم يلزم القانون بتقديم عريضة أو طلب تحريري للبدء في تحريكها، فالمراجعة الشفهية كفي لذلك، ويعد في حكم الشكوى الشفهية حضور المجني عليه أمام المحقق أو قاضي التحقيق وإخباره شفهياً بما حصل له، كما يعد في حكم الشكوى الشفهية استغاثة المجني عليه الصريحة من الجاني بحضور المحقق أو قاضي التحقيق أو أحد أعضاء الضبط القضائي [1]. لذلك ليس صحيح ما نجد عليه العمل لدى بعض قضاة التحقيق والمحققين، حيث يكلفون المشتكي بتحرير طلب أو (عريضة)، بل عليهم قانوناً المباشرة فوراً بفتح المحضر وتدوين أقواله. وهذا الإجراء ليس أمراً يفرضه القانون فحسب، بل هو أمرٌ توجبه متطلبات مكافحة الجريمة وسرعة القبض على مرتكبها وضبط أدلتها وما له علاقة بها [2].

الإنابة في الشكوى:

قد يتعذر على المشتكي المباشرة في تحريك الدعوى الجزائية بنفسه؛ وذلك لِعِلَه في جسده كأن يكون مختلاً عقليا، كما قد يكون المشتكي قاصراً، وكذلك قد يكون المشتكي منشغلاً بأمور يتعذر عليه معها الحضور بنفسه وتحريك الشكوى كأن يكون مسافراً، لذلك أعطى القانون في الفقرة (أ) من المادة (1) من قانون أصول المحاكمات الجزائية لمن ((يقوم مقامه قانوناً)) الحق في تحريكها.

---

(1) د. رؤوف عبيد – مبادئ الإجراءات الجنائية في القانون المصري- ط12 – مطبعة جامعة عين شمس- 1978- ص63.

(2) د. براء منذر كمال عبداللطيف- شرح قانون أصول المحاكمات الجزائية –دار الحامد للنشر والتوزيع- عمان – 2009- ص21 وما بعدها.

وجديرُ بالذكر أن المشتكي ينبغي أن يكون أهلاً للتقاضي والمطالبة بحقوقه أمام القضاء، فإذا كان قاصراً أو محجوراً عليه فلا تقبل الشكوى إلا من الولي أو الوصي أو القيم عليه طبقاً للقواعد العامة [1]، فيكون للوصي أو القيم الحق في تحريك الدعوى الجزائية بالنيابة عن من ينوب عنه.

من جانب أخر فإن المادة (5) قد عالجت مسألة مهمة، هي تعارض مصلحة المجني عليه مع مصلحة من يمثله بقولها: ((إذا تعارضت مصلحة المجني عليه مع مصلحة من يمثله أو لم يكن من يمثله، فعلى قاضي التحقيق أو المحكمة تعيين ممثل له)). والمصلحتين من الممكن أن تتعارضا فعلاً، كأن يكون الممثل للمشتكي هو المتهم في الدعوى الجزائية سواء كان ذلك بصفة فاعل أصلي للجريمة أو شريكاً فيها، كما تتعارض المصلحتان فيما لو كان الممثل للمشتكي هو المسؤول عن الحقوق المدنية عن فعل المتهم في الدعوى الجزائية[2].

أما إذا لم يكن للمجني عليه من يمثله فقد اوجب القانون بمقتضى النص المتقدم على قاضي التحقيق أو المحكمة المختصة بنظر الدعوى تعيين ممثلاً له، غير أن القانون سكت عن بيان صفات الممثل الذي يختاره قاضي التحقيق أو المحكمة. وما يجري عليه العمل هو أن يختار المعاونين القضائيين من موظفي المحكمة لهذه المهمه.

أما اذا كان المشتكي بالغاً عاقلاً غير أن الظروف الشخصية لا تسمح له بالحضور وتحريك الدعوى الجزائية بنفسه، فلابد من وكالة مصدقه أصوليا تسمح له بهذا الإجراء.

---

[1] د. رؤوف عبيد. مصدر سابق – ص183.

[2] د. سليم إبراهيم حربه وعبدالامير العكيلي- شرح قانون أصول المحاكمات الجزائية – الجزء الأول – الدار الجامعية للطباعة والنشر والترجمة- بغداد. 1988- ص35.

ثانياً- الإخبار:

الوسيلة الثانية لتحريك الدعوى الجزائية هي الإخبار، فمن يتقدم بالإخبار عن جريمة هو (المخبر)، غير أن ما يميز الإخبار عن الشكوى، هو أن المشتكي له الحق في المطالبة بتوقيع العقوبة بحق الجاني إضافة إلى المطالبة بالحق المدني إن رغب في ذلك. في حين أن المخبر لاشيء له من تلك الحقوق في الإخبار إذاً هو: عمل يأتيه شخص من غير المتضررين من الجريمة لإعلام السلطة القضائية بالجريمة المرتكبة بناءً على علمه الشخصي، سواء تحقق العلم بالمشاهدة، أو السماع، أو الشم. . . كما لو شمَّ المخبر رائحة المخدرات وهي تفوح من مكان ما، أو شمَّ رائحة جثه متفسخة في محل مغلق.

وبما أن الجريمة تتطلب جهداً مشتركاً، لذلك لابد من توسيع دائرة الإخبار فلا تقتصر على الأفراد، بل يشمل ذلك الهيئة الأجتماعيه في مؤسساتها ودوائرها، لذلك شَرَّعَ القانون صورتين للإخبار هما الإخبار الجوازي والإخبار الوجوبي [1].

1- الإخبار الجوازي:

أباح القانون وفي هذه الصورة في الفقرة (أ) من المادة (1) من قانون أصول المحاكمات الجزائية لأي شخص علم بوقوع جريمة أن يتقدم فيخبر السلطة بما شاهده أو سمع به أو حسَّه بخصوص جريمة وقعت [2]. كما أكدت هذا الحق المادة (47) منه بقوله: ((لمن وقعت عليه جريمة ولكل من علم بوقوع جريمة تحرك الدعوى فيها بلا شكوى أو علم بوقوع موت مشتبه به أن يخبر قاضي التحقيق أو

---

[1] د. مخايل ألحود. شرح قانون أصول المحاكمات الجزائية- مطبعة صادر- بيروت 1994 – ص285.
[2] في قرار المحكمة التمييزية أكدت فيه على جواز الإخبار من ((. . . أي شخص علم بوقوعها بمقتضى المادة (1) من قانون أصول المحاكمات الجزائية)). القرار رقم 182/هيئه موسعه أولى م1980في 1981/6/27- إبراهيم المشاهدي – المبادئ القانونية في قضاء محكمة التمييز(القسم الجنائي) – مطبعة الجاحظ- بغداد 1990- ص195.

المحقق أو الادعاء العام أو احد مراكز الشرطة)). ويلاحظ أن القانون جعل الإخبار جوازيا، ويستفاد ذلك من قوله: ((. . . ولكل من علم. . .)) وهي عبارة تفيد الجواز لا الوجوب.

هذا وينطبق على الإخبار ما ينطبق على الشكوى من حيث الشكل، فيجوز أن يكون الإخبار شفهياً أو تحريرياً، لأنه ليس من المنطق أن نكلف المخبر وقد تقدم بدوافع إنسانيه للإخبار عن جريمة أن يحرر بإخباره طلباً أو عريضة، كما أن الإخبار غالباً ما يكون عن جريمة قد حصلت تَوّاً أو منذ برهة يسيرة، مما يتطلب السرعة في اتخاذ الإجراءات ضماناً للقبض على الجناة وضبط أدلة الجريمة.

من جهة أخرى لا يشترط في المخبر أن يكون معلوماً، فقد يحصل الإخبار من مجهول[1]، عن طريق الهاتف مثلاً، فلا يعطي المتكلم أسمه، وقد يكون تحريرياً لكنه غير مذيل باسم المخبر وتوقيعه، وينبغي على الجهة التي تَلَقتَّ الإخبار أن تأخذه على محمل الجد - وإن حصل من مجهول- فتبدأ إجراءاتها على الفور، بعد أن تُقدم مطالعتها في ذلك إلى قاضي التحقيق المختص، ليقرر بدوره الإجراءات الكفيلة للقبض على الجناة وضبط أدلة الجريمة والمحافظة عليها.

غير أن ما يجب بيانه هو أن المخبر (المعلوم) يتقدم بإخباره ويدلي بمعلوماته ولا يهمه إن كان الجاني في هذا الإخبار معلوماً أو مجهولاً، أما المشتكي وإن جاز أن يتقدم بالشكوى في حالة كون الجاني مجهولاً، غير أن الشكوى في هذه الحالة هي عبارة عن إخبار مجرد، لذلك يتوجَّب عندما تُسفر نتائج التحقيق عن معرفة اسم الفاعل الحقيقي أو شركائه في الجريمة أن يتقدم بشكوى جديدة[2]، وعليه يُستدعى المشتكي لتدوين (ملَحق) بإفادته،ليُعرب في هذا الملحق عن رغبته في

---

[1] جمعه سعدون الربيعي- الدعوى الجزائية وتطبيقاتها القضائية- مطبعة الجاحظ- بغداد. 1990 – ص13.

[2] د. رؤوف عبيد. المرجع السابق- ص61.

السير بالإجراءات ضد المتهم بعد أن تم التعرف عليه من عدمه،وهل يطالب بحقه المدني أيضاً أم لا.

من جانب آخر فإن المخبر المعلوم، قد يرى لظروف خاصة عدم الكشف عن هويته ويسمى في هذه الحالة (المخبر السري) فقد أجاز له القانون ذلك في الفقرة (2) من المادة (47) من قانون أصول المحاكمات الجزائية، حيث يثبت ملخص الإخبار في سجل خاص يُعد لهذا الغرض دون بيان هوية المخبر في الأوراق ألتحقيقيه، غير أن هذا الجواز محدد بجرائم معينه هي: الجرائم الماسة بأمن الدولة الداخلي أو الخارجي، وجرائم التخريب الاقتصادي والجرائم الأخرى المعاقب عليها بالإعدام أو السجن المؤبد أو المؤقت، ويعني ذلك عدم جواز تدوين أقوال المخبر بصفه سريه إذا كانت العقوبة المقررة قانوناً للجريمة تقل عن السجن المؤقت، كما أن المخبر سوف لن يُعَدَّ شاهداً في الدعوى.

2- الإخبار الوجوبي:

هذا النوع الثاني من ألإخبار واجب على من يشملهم نص المادة (48) من قانون أصول المحاكمات الجزائية والتي نصت على أنه: ((كل مكلف بخدمه عامه علم أثناء تأديته عمله أو بسبب تأديته بوقوع جريمة أو اشتبه في وقوع جريمة تحرك الدعوى فيها بلا شكوى، وكل من قدم مساعده بحكم مهنته الطبية في حالة يشتبه معها بوقوع جريمة، وكل شخص كان حاضراً ارتكاب جناية، عليهم أن يخبروا فوراً أحداً ممن ذكروا في المادة 47)).

ويلاحظ من أن ما يميز الإخبار الوجوبي عن الإخبار الجوازي بمقتضى النص المتقدم مسائل ثلاث.

الأولى- تحديد المشمولين به وهم: المكلفون بخدمه عامه[1]، بشرط أن يصل إلى علمهم خبر وقوع الجريمة أثناء تأديتهم عملهم أو بسببه، أو في حالة اشتباههم بوقوع جريمة تحرك الدعوى فيها بلا شكوى. والصنف الثاني هم: من يقدم مساعده بحكم مهنتهم الطبية في حالة يشتبه معها بوقوع جريمة، أما الصنف الثالث فهم كل شخص - من آحاد الناس- كان حاضراً ارتكاب جريمة من نوع الجنايات.

الثانية- القانون مَيَّزَ بين آحاد الناس، وبين المكلفين بخدمه عامة والمشتغلون بالمهنة الطبيه. فآحاد الناس يجب عليهم الإخبار في حالة واحده هو حضورهم مسرح الجريمة، وعلى أن تكون من الجنايات. أما المكلفون بخدمه عامة والمشتغلون بالمهنة الطبية فواجب عليهم الإخبار عن جميع الجرائم – يستثنى منها الجرائم التي لاتحرك الدعوى الجزائية فيها إلا بشكوى- على أن يكون علمهم بوقوع الجريمة قد حصل أثناء تأديته الواجب الرسمي أو بسببه، وعبارة أو (بسببه) تعني أن المخبر قد وصل إليه العلم بالجريمة بسبب كونه مكلفاً بخدمه عامة كما لو راجع المتضرر من الجريمة أحد من ضباط الشرطة أو منتسبيها إلى داره مخبراً إياه بوقوع جريمه. فمن تلقى الإخبار خارج أوقات الدوام الرسمي فهو ملزم قانوناً بإخبار الجهة القضائية المختصة طالما تلقى الإخبار بسبب كونه مكلفاً بخدمه عامة.

الثالثة: الإلزام بالإخبار، فمن يتقاعس عن الإخبار أو يتعمد ذلك يعرض للمسائلة الجزائية والعقاب[2]. وقد استثنت المادة (247) من قانون العقوبات من هذا الالتزام إذا كان ((. . . رفع الدعوى معلقاً على شكوى، أو كان الجاني زوجاً

---

[1] ينظر تعريف المكلف بخدمه عامة في الفقرة (2) من المادة (19) من قانون العقوبات رقم 111 لسنة 1969 المعدل.

[2] يلاحظ نص المادة 247 من قانون العقوبات.

للمكلف بالخــدمة العامة أو من أصوله أو فروعه أو من في منزله هؤلاء من الأقارب بحكـم المصاهرة))[1].

وجديرُ بالذكر أن الكذب في الإخبـار جريمـة سـواء كـان الإخبـار جوازيـاً أم وجوبيـاً، فالمخبر يعرض نفسه للملاحقة الجزائية، وبإمكان المتضرر من هذا الإخبار أن يطلب الشـكوى ضده[2]، بالإضافة إلى إمكانية مطالبته بالتعويض أمام المحكمة المختصة.

ثالثاً- تحريك الدعوى الجزائية بقرار من الحاكم:

بعد أن نص القانون على وسائل تحريك الدعوى الجزائية فحددها بالشكوى والإخبـار، ختم نص الفقرة (أ) من المادة (1) بالقول: ((ما لم ينص القانون على خـلاف ذلـك))، ومفهـوم هذه العبارة يعني أن هناك وسائل أخرى أجاز القـانون بواسـطتها تحريـك الـدعوى الجزائيـة هي غير ما ذكر انفـاً منهـا عـلى سـبيل المثـال إعطـاء الصـلاحية للمحـاكم الجزائيـة بتحريـك الدعوى. فقد يرى قاضي التحقيق أو المحكمة المختصة عند نظرها الدعوى أن هنـاك متهمـين آخرين غير من أُقيمت عـليهم الـدعوى، أو أن هنـاك وقـائع إجراميـة غـير تلـك المسـندة إلى المتهم، أو هناك جناية أو جنحه مرتبطة بالجريمـة المحالـة عليهـا، لكـن التحقيـق الابتـدائي لم يتطرق لها، كما لم يتطرق لها قاضي التحقيق ولم يقرر فرد دعوى جزائية بشأنها[3]، من

---

[1] في قرار المحكمة التمييزية الاتحادية جاء فيه: ((أما ما يتعلـق بـالمتهم (س) والمحكـوم وفـق المـادة (247) مـن قانون العقوبات لعلمه بالحادث وعدم الإخبار، فإن قرار إدانته والحكم عليه مخالف لـنص المـادة (247) مـن قانون العقوبات في شقها الأخير، لأن الجاني شقيق المـتهم ومسـتثنى مـن وجـوب الإخبـار عنـه)). القـرار رقـم 405/الهيئة الجزائية 2006في 2006/1/4 (غير منشور).

[2] يلاحظ نص المادة (243) من قانون العقوبات.

[3] د. عبد الأمير العكيلي- مصدر سابق -ج1-ص68.

ذلك مثلا أن يُحال المتهم في جناية اختلاس فيظهر للمحكمة وقوع جريمة رشوة أو جريمة تزوير لإخفاء واقعه الاختلاس من المتهم نفسه أو من شركائه في الجريمة، أو أن يُحال المتهم عن جريمة قتل أحد المجني عليهما فيظهر للمحكمة أن هناك أدله تفيد تورطه في قتل المجني عليهما معاً.

والقرار بتحريك الدعوى الجزائية من القضاء، قد يصدر من قاضي التحقيق إذا كانت الدعوى لم تزل في مرحلة التحقيق، وقد يصدر من المحكمة المختصة إن كانت الدعوى محالة عليها. ويتضمن القرار عادةً إحالة المتهمين الجدد أو الوقائع الجديدة إلى محكمة التحقيق كي تتولى التحقيق فيها كأي قضيه آخرى. وينبغي أن يكون القرار بتحريك الدعوى صريحاً، لكن لا يشترط فيه أن يكون مُسبباً، كما لا يجوز الطعن فيه لأنه ليس حُكماً في الدعوى بل هو مجرد إجراء أولي من إجراءات تحريك الدعوى[1]. كما أن للمحكمة صلاحية تحريك الدعوى الجزائية بشأن الجرائم المرتكبة أثناء الجلسة دون أن يعلق ذلك على شكوى المجني عليه أو طلب من الادعاء العام، وذلك بهدف المحافظة على هيبة القضاء [2].

وجديرُ بالذكر أن تحريك الدعوى الجزائية من قبل المحاكم، لا يقتصر على المحاكم الجزائية فقط، فللمحاكم المدنية أن تقرر إحالة أي شخص إلى التحقيق إذا رأت أنه قد ارتكب جريمة في ضوء ما يتراءى لها عند نظر الدعوى المدنية [3]، كما في حالة الطعن بالتزوير في مستمسك مقدم إلى محكمة البداءة أو محكمة الأحوال الشخصية، أو أثناء إجراء معاملة، كما في حالة إجراء مراسيم عقد زواج وتبين لقاضي الأحوال الشخصية أن الزواج قد تم خارج المحكمه.

---

[1] د. رؤوف عبيد. مصدر سابق- ص91.

[2] د. جلال ثروت- مصدر سابق – ص120.

[3] د. سامي النصراوي – مصدر سابق- ج1 – ص153.

رابعاً- تحريك الدعوى الجزائية بطلب أو إخبار من جهة الإدارة:

في قوانين متعددة منح المشرع الإدارة ذات العلاقة بتلك القوانين صلاحية تحريك الدعوى الجزائية، فهذه القوانين تتناول في بعض نصوصها العقاب على جرائم معينه، وصلاحياتها بتحريك الدعوى الجزائية خاصة بتلك الجرائم. من ذلك على سبيل المثال قانون مكافحة غسيل الأموال[1]، وقانون الصحة العامة[2]، وقانون المصارف العراقي[3]، وقانون رعاية القاصرين [4]، وقانون وزارة

---

(1) حيث نصت الفقرة (4) من المادة (12) منه على أنـه: ((إذا اشـتبه مكتـب الإبـلاغ عـن غسـيل المـوال وبصـوره معقولة بان المتعامل قد أدار أو حاول توظيف مبالغ متحصله من نشاطات غير قانونيه أو مبـالغ تسـتعمل في تمويل الجريمة، أو مبالغ تكون للمنظمة الأجراميه سلطة التصرف بهـا، أو أن التعامـل هـو لـدعم غـرض غـير قانوني بطريقه مـا، فأنـه يُعلـم في الحـال سـلطة الملاحقـة القضـائية والسـلطة التحقيقيـة))، وإعـلام السـلطة التحقيقية كما تقدم هو تحريك للدعوى الجزائيه. القانون صدر بأمر من سلطة الائتلاف المؤقتة (المنحلة) رقم 93لسنة 2004- منشور في الوقائع العراقية – العدد3984 في حزيران-2004.

(2) قانون الصحة العامة هو القانون رقم 89 لسنة 1981 المعدل، وقد نصت الفقرة (ثالثـا) مـن المـادة (101) منـه على أنه: ((ثالثا- إذا اشتبه الطبيب بأن إصابة المريض كانـت بسـبب فعـل جرمـي سـواء أدت أو لم تـؤدي إلى وفاته فيجب عليه إخبار اقرب مركز شرطة بعـد معالجـة المصـاب، وفي حالـة وفاتـه إحالـة الجثـة إلى الطبابـه العدلية لتشريحها لبيان سـبب الوفاة))، وإخبار الطبيب هو تحريك للدعوى الجزائية بطريق الوجوب.

(3) نصت الفقرة (2) من المادة (57) من قانون المصارف العراقية على أنه: ((2- تكون محكمة الجزاء مسـئوله عـن النظر في الدعاوي التي يقيمها المدعي العـام بنـاءً عـلى طلـب البنـك المركـزي العراقـي أو أي جهـة معينـه)). فتحريك الشكوى إذاً يتم بناءً على طلب من البنك المركزي أو غيره من البنوك أو المصارف. القانون منشور في الوقائع العراقية – العدد. 3986- أيلول 2004.

(4) نصت المادة (67) من قانون رعاية القاصرين رقم (78) لسنة 1980على أنـه: ((لمديريـة رعايـة القـاصرين عنـد الاقتضاء وامتناع المكلف عن تقديم الحساب السنوي طلب تحريك الدعوى الجزائية ضد المكلف وفقاً للمواد 240و453 و458 من قانون العقوبات أو أي نص عقابي آخر، وطلب تضمينه الأضرار إن وجـدت، والأشـعار إلى الادعاء العام لمتابعة ذلك)). والجدير بالذكر أن المقصود بالمكلف وفقاً لهذا القـانون هـو: الـولي أو الـوصي أو القيم الذي يباشر التصرفات بعد التحقق من مصلحة الصغير.

العدل[1] وكذلك أعطى القانون لجهات أدارية أخرى - غير ما ذكر سابقاً - الحق في تحريك الدعوى الجزائية، كما أن قانون انضباط موظفي الدولة والقطاع العام[2] قد أعطى أيضاً للوزير، وكذلك للجان الانضباطية ومجلس الانضباط العام الحق في تحريك الدعوى الجزائية بحق الموظف إذا وجد أن فعله يُكَوِّن جريمة.

الفرع الثاني - تحريك الدعوى الجزائية في حالة الجرم المشهود:

جاء في الشطر الأخير من المادة (1/أ) من قانون أصول المحاكمات الجزائية النص على ما يلي: ((. . . ويجوز تقديم الشكوى في حالة الجرم المشهود إلى من يكون حاضراً من ضباط الشرطة ومفوضيها)). ومفهوم النص يعني جواز تقديم الشكوى في حالة الجرم المشهود إلى أي ضابط أو مفوض منتسب لجهاز الشرطة كان حاضراً مسرح الجريمة، وإن لم يكن من المكلفين بالواجب آنذاك، بل وإن لم يكن الضابط أو المفوض من المنتسبين إلى مديريات أو مراكز الشرطة العاملة في مكان الحادث.

أما الحالات التي تعد فيها الجريمة مشهودة، فقد أتت الفقرة (ب) من المادة (1) من قانون أصول المحاكمات الجزائية بالقول: ((ب- تكون الجريمة مشهودة إذا شوهدت حال ارتكابها أو عقب ارتكابها ببرهة يسيره، أو إذا تبع المجني عليه

---

[1] أوضحت المادة (8) من قانون وزارة العدل رقم 18 لسنة 2005 مهام دائرة المفتش العام في الوزارة، وحددت الفقرة الثانية من هذه المادة تلك المهام بالقول: ((ثانيا- تلقّي الشكاوي المتعلقة بإعمال الغش والتبذير وإساءة استخدام السلطة من أي مصدر والتحقيق فيها أو المبادرة في التحقيق في أعمال يزعم أنها تنطوي على غش أو تبذير واتخاذ الإجراءات اللازمة في شأنها)). والمبادرة بإجراء التحقيق يعني البدء بإتخاذ الإجراءات التحقيقية، فهو تحريك مباشر للدعوى من قبل دائرة المفتش العام بناءً على ما يرد إليها من معلومات بشأن تلك الجرائم. القانون منشور في الوقائع العراقية- العدد4014 في 2006.

[2] تم تعديل تسمية قانون (انضباط موظفي الدولة والقطاع الاشتراكي) إلى (قانون موظفي الدولة والقطاع العام). الوقائع العراقية - العدد. 4061في شباط 2008.

مرتكبها أثر وقوعها أو تبعه الجمهور مع الصياح، أو أذا وجد مرتكبها بعد وقوعها بوقت قريب حاملا آلات أو أسلحه أو أمتعه أو ورقاً أو أشياء أخرى يستدل منها على انه فاعل أو شريك فيها، أو إذا وجدت به في ذلك الوقت آثار أو علامات تدل على ذلك)). وتحليل النص المتقدم يقودنا إلى القول أن الجريمة تعد مشهودة إذا وقعت في واحدة من الصور المتقدمة حيث أوردها النص على سبيل الحصر. لذلك ليس للقاضي خلق حالة جديدة أو قياس حالة لم يرد النص عليها[1].

المطلب الثاني
الانتقال والمحافظة على مسرح الجريمة

يعتبر الانتقال إلى مسرح الجريمة بالسرعة ألممكنه من أهم واجبات المحقق وخبير الأدلة الجنائية وذلك لغرض الحفاظ على مسرح الجريمة من أي خطر يتعرض له من قبل الجاني وإتباعه أو الفضوليين أو المجني عليهم وسوف نتناول دراسة الموضوع في محورين الأول الانتقال إلى مسرح الجريمة والثاني المحافظة على مسرح الجريمه.

الفرع الأول - الانتقال إلى مسرح الجريمة:

نقصد بالانتقال مباشرة قاضي التحقيق بعض إجراءات التحقيق في غير المقر الاعتيادي لعمله، والغاية من الانتقال قد لا تكون لغرض الكشف فقط وإنما لاتخاذ إجراءات أخرى كسماع شهادة من حضر مسرح الجريمة موقعياً للاطمئنان إلى صحة ما يدلون به من معلومات. وينبغي التأكيد على أنه كلما بادر قاضي التحقيق - وكذلك المحقق- بالانتقال إلى مكان الواقعة بأسرع ما يمكن، كلما ساعد هذا على الوصول إلى أدلة الجريمة قبل أن تمتد إليها يد العبث.

---

[1] د. سليم إبراهيم حربه -عبد الأمير العكيلي- مصدر سابق – ص29.

وجـديرُ بالـذكر أن مسـائل عـدة تتعلـق بالانتقـال، تناولهـا المشرـع في قـانون أصـول المحاكمات الجزائية بالتنظيم، وتتضـمن أنـواع الانتقـــال، والأمـاكن التـي ينتقـل إليهـا قـاضي التحقيق ومدى حرية قاضي التحقيق في الانتقال خـارج منطقـة اختصاصـه، ووقـت الانتقـال، والأشخاص الذين يحق لهم الانتقال.

هذه المسائل لأهميتها سنتناول دراستها بالبحث في ما يلي:

أنواع الانتقال:

انتقال القاضي إلى مسرح الجريمة إما أن يكون جوازيا، أو وجوبيا، ومع أن الانتقـال إلى مسرح الجريمة من أهم إجراءات التحقيق، كونه يسهل مهمة قاضي التحقيق بإتخاذ إجراءات متعددة من بينها الكشف، لكن المشرع لم يعتبره واجبا على قاضي التحقيق في جميع الاحوال. فالأصل إن لقاضي التحقيق السـلطة التقديريـة في ذلـك[1]. فـالفقرة (أ) مـن المـادة (56) مـن قانون أصول المحاكمات الجزائية نصت على أنه: ((أ- لقاضي التحقيق أن ينتقـل إلى أي مكـان تقضي مصلحة التحقيق الانتقال إليه داخل منطقة اختصاصه لاتخاذ أي أجـراء مـن إجـراءات التحقيق....)). وكلمة (لقاضي) تعني الجواز، فان شاء انتقل، وإن لم يشأ فله ذلـك، وبمأمكانـه أن يأمر المحقق بإتخاذ هذا الإجراء، كما قد لا يجد القاضي مسوغاً للانتقـال فـبعض الجـرائم لاتستوجب حقاً الانتقال وإجراء الكشف كما في جريمة تزوير ورقة رسميه.

وإذا كان الأصل العام أن انتقال قاضي التحقيق لمحـل ارتكـاب الجريمـة يـترك لمشـيئته وتقديره بناءً على مايعتقده من مصلحة للتحقيق، فأنه ليس كذلك دائماً، بـل قيـده المشرـع، وهذا القيد يبدو واضحاً في حالة الجناية المشهوده. فالفقرة (جـ) من المادة (52) مـن قـانون أصول المحاكمات الجزائية نصت على أنه: ((جـ - إذا

---

[1] د. صالح عبد الزهرة الحسون- الموسوعة القضائية- بيروت- دار الرائد العربي- المجلد1 -6 – بلا تاريـخ- ص304.

أخبر قاضي التحقيق بجناية مشهودة وجب عليه أن يبادر بالانتقال إلى محل الحادثة كلما كان ذلك ممكناً لاتخاذ الإجراءات المنصوص عليها في الفقرة ب، وأن يخبر الادعاء العام بذلك)). والهدف من انتقال قاضي التحقيق في مثل هذا النوع من الجرائم هو تمكين قاضي التحقيق من أن يضع يده على القضية بنفسه وبصورة تلقائية وفوريه، وجدير بالتنويه أنه ورغم أن النص قد تضمن صيغة الوجوب على قاضي التحقيق بالانتقال إلى مسرح الجريمة في الجنايات المشهودة، إلا أنه تضمن أيضاً العبارة التالية: ((كلما كان ذلك ممكناً))، ومعنى ذلك أن الانتقال إلى محل الجريمة المشهودة يعد إلزامياً وواجباً على قاضي التحقيق إذا كان بإمكانه أن ينتقل وكانت وسيلة الانتقال متوفرة والظروف الأمنية مهيأة، فأن كانت كذلك ولم ينتقل كان مقصراً بواجبه، ومن الممكن مساءلته انضباطياً. وخلاصة ما تقدم أن الانتقال الوجوبي على قاضي التحقيق يتطلب توافر شرطين: أن تكون الجريمة من الجنايات المشهودة، وأن يكون الانتقال ممكناً، وهو الذي يقدر مدى إمكانية الانتقال من عدمه[1].

هذا الوجوب لا يقتصر على قاضي التحقيق وحده، بل شمل أعضاء الضبط القضائي بما فيهم المحقق، حيث نصت المادة (43) من قانون أصول المحاكمات الجزائية على أنه: ((على عضو الضبط القضائي في حدود اختصاصه المبين في المادة (39) اذا أخبر عن جريمة مشهودة أو اتصل علمه بها أن يخبر قاضي التحقيق أو الادعاء العام بوقوعها وينتقل فوراً إلى محل الحادثة ويدون إفادة المجني عليه ويسأل المتهم عن التهمه المسندة إليه شفوياً ويضبط الاسلحه وكل ما يظهر أنه استعمل في ارتكاب الجريمة ويعاين آثارها المادية ويحافظ عليها ويثبت حالة الأشخاص والأماكن وكل ما يفيد في اكتشاف الجريمة ويسمع أقوال من كان

[1] د. صالح عبدالزهره الحسون- مصدر سابق – ص316.

حاضراً أو من يمكن الحصول منه على إيضاحات في شأن الحادثة ومرتكبها وينظم محضراً بذلك)).

ومن نص المادة (43) أعلاه ومن عبارة (ينتقل فوراً) يتضح لنا أن المشرع العراقي اوجب على المحقق الانتقال فوراً لغرض معاينة الأشياء والآثار والمحافظة عليها.

ويعتبر انتقال المحقق وخبير الأدلة الجنائية إلى مسرح الجريمة عقب ارتكابها من أهم مسؤوليات التحقيق الجنائي العملي لإثبات الواقعة ونسبتها إلى مرتكبها.

كما أن فورية الانتقال عقب تلقي البلاغ مسألة حيوية، وذلك لغرض الحفاظ على المسرح، وما به من آثار ماديه وأدلة معنوية، والتي تتمثل في تدوين أقوال المجني عليه، وأقوال شهود الحادث والقبض على المتهم وإبعاده عن مسرح الجريمة، وضبط الأشياء التي استخدمت في ارتكاب الجريمه.

ولمسرح الجريمة أهميه في التحقيق الجنائي فهو المكان الذي ينطلق منه المحقق ويتأكد من الواقعة، ويؤكد مسرح الجريمة وقوع الفعل ونوع الجريمة وما إذا كانت الجريمة جناية أو عرضيه، ولمسرح الجريمة دلاله مهمة لظروف الجريمة وبواعث الارتكاب وتحديد زمن ارتكابها، ويظهر مسرح الجريمة الأسلوب الإجرامي الذي يتصف به الجاني، والأدوات التي استعملها في تنفيذ الجريمة، وتبرز أهمية مسرح الجريمة في استخلاص الآثار منه ورفعها والحصول على النتائج، كما أن بقاء مسرح الجريمة على هيئته وحمايته من العبث والتدخل يساعد على نجاح أو فشل إجراءات إثبات الجريمة والكشف عن مرتكبها[1]، ويتحقق ذلك بالانتقال السريع إلى مسرح الجريمة، والاستعداد المناسب من حيث التأهيل والعدد

---

(1) د - وهبه علي- مسرح الجريمة- مجلة الأمن العام- العدد. 57- 1972 -ص46.

من الإمكانيات البشرية حتى لا يحدث أي تغيير بمكان الحادث[1]. ويجب تقدير الإجراءات الوقائية لكل حالة على حدة، والتركيز على الأماكن التي يتوقع وجود آثار ماديه بها، وإذا رأى المحقق الجنائي المحافظة على مناطق أوسع خارج النطاق الضيق لمسرح الجريمة كان ذلك أحوط في المحافظة على مسرح الجريمة من العبث سواء كان ذلك من الفضوليين أو من غيرهم[2].

ومسرح الجريمة هو المكان الذي تنبثق منه كل الأدلة الجنائية، ويزود ضابط التحقيق بنقطة البدء في كشف غموض الجريمة ونسبتها إلى فاعلها، كما يكشف الانتقال إلى مسرح الجريمة عن معلومات مهمة تفيد المحققين في التحقيق، وبناءً عليه يجب أن لا يصدر من المحقق الذي يسبق إلى مكان الحادثة أية أخطاء سواء كانت هذه الأخطاء من فعله أو نتيجة إهماله وذلك كون هذه الأخطاء التي ترتكب إثناء سؤاله الشهود أو المجني عليهم أو استجواب المتهم وغيرها من جوانب التحقيق المختلفة أخطاء يمكن تداركها، إما الأخطاء التي ترتكب في مسرح الجريمة وخاصة في الحفاظ عليه وعلى ما به من أثار ماديه أخطاء لايمكن تداركها، ومن هذا المنطلق فإن نجاح التحقيق يعتمد اعتماداً تاما على الإجراءات الأولية التي يتخذها أول ضابط شرطه يصل إلى مسرح الجريمة[3].

كما أن خطورة الجريمة أو عدم خطورتها له أهميه، لان قواعد الانتقال والمحافظة على مسرح الجريمة يجب أن تُتَبع في كل الحالات والجرائم، غير أن مدى الإجراءات يجب أن تتناسب مع نوع الجريمة وموقع المسرح. فقد ترتكب جريمة خطيرة في مكان يستحيل حراسة مسرحها كأن يقع في شارع عمومي

---

[1] د. محمد محمد عنب – معاينة مسرح الجريمة – المركز العربي للدراسات الأمنية والتدريب- الرياض- ج1- 1990- ص137.

[2] د. فادي عبدالرحيم الحبشي- المعاينة الفنية لمسرح الجريمة والتفتيش- أكاديمية نايف العربية للعلوم الامنيه – الرياض- 1989 –ص28.

[3] سامي حارب المنذري وآخرون- مصدر سابق- ص102.

تتكاثف فيه حركة المارة والمرور أوقد يتعذر إحاطة مسرح الجريمة بالأشرطة في زمن مبكر يحول دون إتلاف الآثار المادية ويجب الأخذ في الاعتبار أن المجرم ترك آثار ماديه واحتمالات الكشف عنها ورفعها مازالت قائمه وبالتالي يتخذ من الإجراءات ما يتناسب وظروف كل جريمة. وقد يرى البعض أن الإجراءات التي يتخذها أول من يصل إلى مسرح الجريمة إجراءات روتينيه بسيطة، إلا أن أهميتها عظيمه، فعليه أن ينتقل بسرعة ولكن عليه أن لا يقترب من مسرح الجريمة في تعجل، ويجب أن تكون تحركاته هادئة ومتأنية وفاحصه، وعليه دائما أن يتوقع الأسوء فيتخذ الاحتياطات الكافية، وعلى أول من يصل من رجال الشرطة والمحققين إلى مسرح الجريمة أن يكون طموحاً في المحافظة عليه فيتخذ أوفر الاحتياطات، وتتفاوت الظروف التي تحيط بارتكاب الجرائم تفاوتاً كبيراً وبالتالي يصعب وضع قواعد محدده وثابتة في هذا الصدد إلا أنه يمكن وضع بعض الإرشادات، وتتلخص إجراءات أول من يصل إلى مسرح الجريمة من المحققين فيما يلي[1]:

1- السيطرة على مكان ارتكاب الجريمة وذلك بعدم السماح لأحد بالاقتراب منه خشية العبث به.
2- إسعاف المصابين.
3- تدوين أقوال المجني عليه.
4- القبض على المتهم وسؤاله عن التهمه المسندة أليه وسبب ارتكابه الجريمه.
5- ضبط الاسلحه وكل ما يظهر أنه استعمل في ارتكاب الجريمة.
6- معاينة الآثار المادية والمحافظة عليها.
7- تثبيت حالة الأشخاص والأماكن وكل ما يفيد في اكتشاف الجريمه.

---

[1] سامي حارب المنذري وآخرون – مصدر سابق - ص102.

8- سماع أقوال من كان حاضراً أو مـن يمكـن الحصول منـه عـلى إيضاحات في شـأن الحادثة ومرتكبها.

9- تحديد مكان المصاب بالرسم والتصوير الفوتوغرافي.

10- شرح الحالة التي كان عليها المصاب وتألمه وما كان يتفوه به من عبارات.

11- عند تعلق الأمر بجثه يجب أن يتأكد من علامات الوفاة.

12- تدوين ساعة الوصول والحالة التي عليها المسرح وما حوله من فضوليين.

13- تدوين حالة المرور والرؤية والاضاءه بالمسرح.

14- الإسراع في إثبات الحالات القابلة للزوال مثل الرائحة والسوائل المكشوفه.

15- تثبيت حالة الأبواب هل هي مغلقه أم مفتوحة أو مـردودة فقـط والنوافـذ أيضـا وحالة الستائر هل هي مسدله أم مرفوعه.

16- في جرائم الحريق يثبت حالة الدخان ولونه واتجاهه.

17- ينظم محضر بكافة الإجراءات.

الفرع الثاني – المحافظة على مسرح الجريمة:

لا يوجد شيء في كل أعمال مسرح الحادث أهم مـن حمايته والمحافظة عليه، وان إجراءات أول رجل شرطه يصل إلى محل الحادث أهم خطوه في المحافظة على محل الحـادث، والذي يترتب عليه نجاح التحقيق والتعرف على الجاني أو الفشـل في الوصول إلى شيء مفيـد يكشف الجريمة[1]. والهدف الأساسي من المحافظة على مسرح الجريمة هو تأمينه وبقاءه عـلى حالته دون أي تغيير أو عبث وذلك لتوقف إجراءات إثبـات الجريمـة والكشـف عـن مرتكبهـا على مدى السرعة

---

[1] د. هشام عبد الحميد فرج- معاينة مسرح الجريمة- مطابع الولاء الحديثة- 2007-ص41.

والدقة في المحافظة على المسرح ومعاينة آثاره المادية، لأن التغيير يؤدي إلى تلف ما به من آثار ماديه وإخفاء البعض منها مما يؤدي إلى صعوبة إثبات الجريمة وتحديد مرتكبها[1].

وتختلف سبل المحافظة على المسرح من جريمة إلى أخرى حسب طبيعة وظروف المكان، مما يصعب معه وضع قاعدة محدده وثابتة تصلح في جميع الأحوال، ولكن يمكن وضع بعض المبادئ التي يسترشد بها في المحافظة على مسرح الجريمة، كما يجب استعمال الفكر والمنطق في كيفه المحافظة عليه دون عبث أو تغيير في المسرح وذلك بالكيفية التي تتناسب مع ظروف وطبيعة كل جريمة من حيث المكان والإمكانيات المادية والبشرية المتاحة لمن يحافظ على المسرح [2].

وللمحافظة على مسرح الجريمة داخل المناطق المبنية أو المسورة يمكن غلقها بعد إبعاد الفضوليين، وفي حال ما اذا كان الغلق غير كافٍ للحفاظ على مسرح الجريمة لوجود منافذ أو مداخل أخرى فيمكن إقامة حاجز من الحبال أو ألواح الخشب أو قطع الأثاث أو ما شابه ذلك على حدود المسرح من الخارج مع وضع الحراسة اللازمة، ويجب الأخذ بالاعتبار أن يشمل المسرح أماكن دخول وخروج الجاني أي المداخل والمخارج التي استعملها المجرم في ارتكاب الجريمة، مما يتطلب الاحتياط في المنطقة التي تشملها المحافظة، بما في ذلك المناطق التي من المحتمل أن يوجد فيها دليل مادي كمنطقة السلالم والدهاليز ومساقط النور وما إلى ذلك، وعندما يقع مسرح الجريمة في أماكن توجد خارج المباني أو في المناطق الخلوية والزراعية والحدائق وغير ذلك من الأماكن الغير محدده بأسوار وجدران

---

[1] د. سعد أحمد محمود سلامه- مصدر سابق- ص44.
[2] سامي حارب المنذري وآخرون – مصدر سابق – ص108.

تطوق المنطقة من الخارج بحبال أو علامات وتغلق المنافذ المؤدية إليها ويمنع دخول احد إليها [1].

وللمحافظة على مسرح جريمة الحدث الإرهابي والحيلولة دون العبث بمحتوياته أهميه قصوى إذ أن العبث قد يمحو الكثير من الأدلة المادية، لذلك يجب على المحقق عدم السماح لأحد بدخول مسرح الجريمة خلاف خبراء الأدلة الجنائية والطب الشرعي وذلك بعدم قيام خبراء المتفجرات بتفتيش مسرح الجريمة خشية وجود متفجرات موقوتة لم تنفجر بعد [2]. والمحافظة على مسارح حوادث التفجيرات الإرهابية ليست مجرد إجراء من الإجراءات التي يتم اتخاذها بأي طريقه من الطرق وحسب الرغبات والمرئيات، بل هو إجراء ضروري ومهم من إجراءات التعامل مع مسارح الحوادث، يتطلب القيام به وفق أسس وقواعد علميه ترافقها الدقة والاهتمام والحزم إثناء التطبيق[3].

وعند حضور رجال الإسعاف في حال وجود مصاب يجب إرشادهم إلى كيفية الدخول إلى مكان وجود المصاب بالمسرح من المنطقة التي يحتمل وفقاً لخبرة المحقق أنها قد تكون خاليه من الآثار أو أقل من غيرها حتى لا تتلف الآثار المادية، ويدون ويرسم ويوصف المكان الذي سلكه رجال الإسعاف للوصول إلى المصاب والأشياء التي لمسوها أو أمسكوا بها في مسرح الجريمة أو تغيير وضعها[4].

---

[1] د. سعد أحمد محمود سلامه- مصدر سابق- ص45.

[2] د. قدري عبد الفتاح الشهاوي – مسرح الجريمة والحدث الإجرامي وكشف المجهول- الموت الحقيقي- الموت الاكلينكي- دار النهضة العربية- القاهرة – 2006 – ص185.

[3] د. ثلاب بن منصور البقمي- دور الأساليب العلمية الحديثة في تحديد مرتكبي التفجيرات الارهابيه – رسالة دكتوراه مقدمه إلى جامعة نايف العربية للعلوم الأمنية- الرياض- 2007- ص202.

[4] سامي حارب المنذري وآخرون – مصدر سابق- ص109.

وقد يواجه أول من يصل إلى مسرح الجريمة من المحققين ورجال الشرطة مشكلة وجود مجني عليه مصاب ومتهم يحتاج إلى مطارده وأثار تحتاج إلى المحافظة عليها، والخلاصة أنه لا يجب ترك المجني عليه المصاب يموت لكي يطارد متهم غادر المسرح فالأسبقية للأهم ثم المهم من الحالات المعروضة، وكذلك في حال عدم وجود قوات أخرى للمحافظة على المسرح وتأمينه من العبث والمتهم هرب من فتره زمنيه لا يمكن تتبعه مباشرة إلا انه يجب الأخذ بالاعتبار أن هذه قواعد استثنائية ليست ملزمه وما يحكم الأمور طبيعة الواقعة وتقدير أول من يصل إلى مسرح الجريمة وفقا لتعليمات وأوامر قاضي التحقيق أولا ثم الرؤساء لأن لهذه الاعتبارات دوراً هاما في اتخاذ القرار في مثل هذه الحالات.

وعندما يروم أول من يصل من رجال الشرطة إلى الدخول داخل المسرح عليه أن يحدد الأماكن التي سار فيها والأشياء التي لمسها أو أمسك بها كما يراعي دخول رجال الشرطة والمحققين إلى مسرح الجريمة بنظام وترتيب يحافظ على الآثار المادية والحالة التي هي عليها، ويفضل أن لا يدخل أحد من هؤلاء إلا بعد انتهاء الخبراء من العمل في مسرح الجريمة والكشف عن الآثار المادية ورفعها وإجراء عمليات التصوير والرسم للمسرح وما عثر بداخله على آثار ماديه.

ومن مجمل ما تقدم نجد أن المحافظة على مسرح الجريمة تتطلب الإسراع باتخاذ الإجراءات الآتية:

1- الإسراع في الانتقال إلى محل الحادث وهو أمر توجبه المواد (43، 44، 49، 52) من قانون أصول المحاكمات الجزائيه.

2- استعانة المحقق بمساعديه وتوزيع الواجبات بينهم، إذ بإمكان المحقق إرسال مجموعه من مساعديه من رجال الشرطة الكفوئين- ويفضل أن يكونوا من الضباط- كما يفضل أن يصطحب المحقق مساعديه بنفسه إلى محل الحادث كلما أمكن ذلك.

وعند وصوله المكان يتعين عليه توزيع الواجبات بينهم، فينسب مثلا مجموعه منهم على منافذ المكان ومخارجه لمنع أي شخص من دخول المكان أو مغادرته، وينسب قسماً آخر لجمع الأشخاص الموجودين في محل الحادث في مكان معين ومراقبتهم، فقد يكون من بينهم ممن هو متهم في القضية أو شاهد مهم في الحادثة أو مجني عليه قاسى أحداث الجريمة وتعرف على مرتكبها، كما أن عليه أن يبقي قسماً منهم لمرافقته إثناء تجوله في محل الحادث [1].

إما طرق المحافظة على مسرح الجريمة تحت الماء فتتطلب إبعاد الناس حتى يصل فريق الغطس المدرب على العمل في هذه المسارح، كما يجب مراعاة التيارات المائية واتجاهها، وتأخذ مساحه أكبر من مساحة المسرح في اتجاه سير التيار، ذلك لأن التيارات المائية تجرف الأشياء الملقاة والغارقة تحت الماء إلى مناطق بعيده عن المسرح حسب شدة التيار وكثافة الشيء الموجود تحت الماء واستخراجه، وبهذا يمكن تحديد منطقه أكبر من منطقة مسرح الجريمة وحمايتها من العبث ومنع أي شخص ينزل إلى الماء أو يلقي بأشياء إلى المياه لحين وصول المتخصصين والبحث عن الآثار المادية [2].

ويجب أن تستمر المحافظة على مسرح الجريمة إثناء إجراء المعاينة وفحص الخبراء لمسرح الجريمة، فلا يسمح لأي شخص مهما كان مركزه الاجتماعي بالدخول إليه، وعلى الأشخاص الذين يقتضي الأمر تواجدهم للعمل بالمسرح أن يتحركوا في مسارات محدده بعيده عن مواطن الأدلة المادية وأن يختاروا طريقاً للدخول إلى المسرح والخروج منه وفي أضيق نطاق إثناء تنقلهم داخل المسرح، وأن لا يلمسوا أو يمسكوا شيئاً فتتلف ما به من آثار ماديه فتنطبع بدلا منه بصماتهم. ولا تنتهي إجراءات المعاينة الفنية على المسرح إلا بعد انتهاء الخبراء

---

[1] د. منذر كمال عبداللطيف – علم التحقيق الجنائي – مكتب النعم للطباعة – بغداد. 1980- ص15.

[2] سامي حارب المنذري وآخرون – مصدر سابق- ص110.

والمحققين من العمل به ويقر الجميع بهذا وتصبح المحافظ على المسرح لا جدوى منها فترفع عند إذ الحراسة ويترك المكان لأصحابه لمزاولة حياتهم وعملهم.

المطلب الثالث
معوقات الحفاظ على مسرح الجريمة

إن أول معوقات العمل في مسرح الجريمة قد تأتي من المجني عليه أو من ذويه أو من المقيمين معه أو أقاربه، كأن يقوموا بتنظيف مكان الحادث قبل قدوم الشرطة، مما يصعب عملية الكشف عن الآثار المادية وإعادة بناء الحادث، أو قد يتعمد الجاني التضليل خشية المسؤولية، كما أن الجمهور يندفع في الغالب إلى مكان الحادث لمشاهدته نتيجة حب الاستطلاع فيؤدي ذلك إلى تلف الآثار المادية بمسرح الجريمة مما يؤثر على كشف غموض الجريمة ومعرفة الحقيقة كاملة، وكما حصل في حادث الاعتداء الإرهابي الذي تعرض له جامع الإمام مسلم الكائن في قضاء تكريت ناحية العلم عندما قام مسلحون مجهولون بمهاجمة المسجد والاعتداء على المصلين أثناء أدائهم فريضة صلاة الفجر، فلم يستطع المحققون وخبراء الأدلة الجنائية إجراء المعاينة الفنية على مسرح الجريمة بسبب تجمع عدد كبير من الناس ودخولهم مسرح الجريمة والعبث به وإتلاف الآثار المادية الموجودة فيه [1].

إن إهمال أو عدم دراية وخبرة أول رجل شرطه يصل إلى مسرح الجريمة يؤدي إلى صعوبة صيانة المسرح، فقد يتجول في مكان ارتكاب الجريمة لحب الاستطلاع فيزيل الآثار المادية ويترك بصماته وآثار إقدامه، والبعض يرتدي قفازات أو يحضر منديلا ليمسك به مقابض البواب لفتحها مما يؤدي إلى إزالة البصمات. وعدم إتباع الإجراءات اللازمة لصيانة المسرح وترك الجمهور يدخل

[1] الحادث حصل بتاريخ 2006/6/15 وهو مسجل في مكتب العلم للتحقيقات الجنائية بالدعوى المرقمة (26) فقرة سجل المكتب اليومي (10) الساعة. 500.

إليه نتيجة عدم توفر الحراسة الكافية يؤدي إلى العبث بالآثار المادية، بالاضافه إلى عدم تدوين الملاحظات التي شوهدت بالمسرح مثال عدم ذكر حالة المسرح وما به من أشخاص عند الوصول وكيفية الوصول إلى المصابين داخل المسرح وإسعافهم [1]. كما أن دخول أصحاب الرتب العالية بلا ضرورة إلى مسرح الجريمة لغرض الاستطلاع يعتبر من معوقات العمل في مسرح الجريمة.

هذا وتعتبر المتغيرات المناخية مثل الإمطار والرياح وأشعة الشمس المباشرة ودرجة الحرارة العالية من أهم معوقات الحفاظ على مسرح الجريمة وخاصة الخارجي حيث تُمحى الآثار المادية الموجودة فيه.

كذلك من معوقات الحفاظ على مسرح الجريمة عدم استطاعة المحققون وخبراء الأدلة الجنائية الانتقال إلى مسرح الجريمة وإجراء المعاينة الفنية عليه بسبب الظروف الأمنية، كما حصل في العراق منذ احتلاله على يد القوات الأمريكية في 2003/4/9 حيث لم يتم إجراء المعاينة الفنية على الكثير من مسارح الجرائم بسبب سيطرة العصابات الإرهابية على مناطق وأحياء سكنيه بالكامل حيث لا يستطيع المحققون والخبراء الانتقال إلى مسرح الجريمة وذلك خوفا على حياتهم.

كما أن من معوقات الكشف خوف المحققون من نشاطات العصابات الإرهابية منها ما قامت به من تفخيخ الجثث لغرض إيقاع الخسائر برجال الشرطة كما حصل عندما استخبر مكتب تكريت للتحقيقات الجنائية عن وجود جثه لرجل مقتول في محل تجاري في مدينة تكريت شارع الأربعين، وعند انتقال المحققون وخبير الأدلة الجنائية إلى مسرح الجريمة لغرض إجراء المعاينة الفنية على مسرح الجريمة انفجرت الجثة كونها كانت مفخخة مما أدى حادث التفجير إلى وفاة ثلاثة ضباط شرطة وخبير الأدلة الجنائية [2].

---

[1] د. سعد أحمد محمود سلامه- مصدر سابق – ص51.

[2] حصل الحادث بتاريخ 2005/3/13 وسجلت الدعوى في مكتب تكريت للتحقيقات الجنائية وسجلت في سجل الأساس برقم 105.

إن سهولة أو صعوبة مهمة الحفاظ على مسرح الجريمة تتوقف على اعتبارات عديدة أهمها المكان والزمان وطبيعة الجريمة فيزداد الزحام للوصول إلى المسرح كلما كان الدخول سهلا والمكان متوسط الكثافة السكانية، أو يقع على طريق يزدحم فيه المارة كالأسواق ومحطات القطارات ومواقف سيارات الأجرة، أو كان في غير ساعات العمل وبلا شك سيجذب الحادث الناس إلى مشاهدته، وأيضاً كلما كانت الجريمة المرتكبة تتسم بالعنف فتثير العاطفة ويزداد زحام الفضوليين، إذ يتعرض المسرح لخطورة المحافظة على الآثار المادية الموجودة فيه مما يتطلب الإسراع في اتخاذ الإجراءات التي تحافظ على مسرح الجريمة [1].

---

[1] سامي حارب المنذري وآخرون- مصدر سابق – 113.

المبحث الثالث

توثيق مسرح الجريمة

إن توثيق مسرح الجريمة بصورة دقيقه ومنهجيه منظمه يعتبر عنصرــ جوهري وضروري في إجراءات التحقيق والذي يمكن الاستعانة به طول فترة التحقيق في القضية وأثناء نظر الدعوى في المحكمه. وعلى المحقق أن يتذكر أن دخوله لمسرح الجريمة سيكون لمرة واحدة في الأغلب كذلك يجب عليه توثيق كل الملاحظات والمشاهدات الموجودة بالمسرح [1].

وسوف نتناول دراسة الموضوع من خلال أربعة فروع الأول نتناول فيه توثيق مسرح الجريمة بالكتابة، والثاني نتناول فيه توثيق مسرح الجريمة بالتصوير الفوتوغرافي، والثالث نتناول فيه توثيق مسرح الجريمة بالرسم التخطيطي، والرابع نتناول فيه توثيق مسرح الجريمة بالتصوير بالفيديو.

المطلب الأول

توثيق مسرح الجريمة بالكتابة

يعتبر توثيق مسرح الجريمة بالكتابة من أقدم الوسائل في نقل صورة الوقائع الجنائية عبر مراحل الدعوى الجنائية ويعبر عنها بتحرير المحاضر، وله أهميه كبيره في الإثبات الجنائي ونقل ما حدث بوسيلة موثوق فيها إلى مرحلة التقاضي، لذا على المحقق أن يضع في اعتباره أن عمله يقتصر على مجرد نقل صورة صحيحة وكاملة للمحل الذي يقوم بالكشف عليه، وعلى هذا الأساس يمتنع على المحقق أن يُضمن محضر الكشف أي استنتاج لما يعتقدة خاصاً بالكشف الذي

---

[1] د – هشام عبدالحميد فرج- مصدر سابق- ص121.

أجراه، وإنما يترك هذا إلى حين مناقشة من يقوم بسؤالهم أو عند المحاكمة أمام المحاكم المختصة [1]. ومازالت هذه الطريقة تتبع إلى يومنا هذا.

ومن أجل توثيق مسرح الجريمة بالكتابة يجب على المحقق أن يصف بالكتابة محل الحادث وصفا مفصلاً ودقيقا وبعبارات واضحة، و وصف محل الحادث يشتمل وصف الآثار والبقع المتروكة والآلات المستعملة في الجريمة والأشياء الموجودة في مواقعها والحالة التي كانت عليها بعد وقوع الجريمة، وتذكر الإبعاد بصورة مضبوطة، فلا يجوز ذكر عبارات غامضة (مثلا بقع الدم على مسافة قريبه من رأس الجثة بل تذكر بقعة دم بيضويه الشكل على بعد 25 سم من رأس الجثة). كما يجب أن يذكر ساعة وتاريخ وصوله إلى محل الحادثة وأسماء المرافقين له، ثم تجري تسمية المحل ويعين حدوده الخارجية حسب الجهات الأربعة، وموقعه والمسافة بينه وبين اقرب مركز شرطة [2].

وإذا كان الحادث يتعلق بجريمة قتل يبدأ بوصف جسم الجريمة، ففي حالة وجود الجثة يصف وضعيتها والبنية والملابس والإصابات الموجودة فيها والآثار المتروكة حولها أو العالقة بها. كما ويذكر التغيير الذي حدث في الجثة من حيث نقلها من محلها الأصلي أو تغيير وضعيتها. وفي حوادث السرقات يصف المحقق الشيء أو المادة التي استهدفت كالقاصة الحديدية أو الخزانة الخشبية وغيرها. فيذكر طبيعتها والمادة المصنوعة منها وكيفية فتحها والتغييرات التي استحدثت فيها ونوع الأدوات التي استعملت في فتحها والآثار المتروكة عليها ومفردات الأشياء والمواد المسروقة [3].

---

[1] د. حسن صادق المرصفاوي – الجوانب العملية في التحقيق الجنائي- المجلة الجنائية القومية – القاهرة- العدد الثالث- المجلد الحادي عشر- 1986- ص477.

[2] د. عبدالستار الجميلي- التحقيق الجنائي قانون وفن- الطبعة الأولى – مطبعة دار السلام – بغداد – 1973- ص48و49.

[3] د. عبدالستار الجميلي و محمد عزيز – مسرح الجريمة في التحقيق- الطبعة الأولى – مطبعة دار السلام – 1976 – ص22.

ويجب على المحقق أن يصف بالكتابة كافة الإجراءات التي قام بها فيه كوصفه للمسرح بإبعاده وبيان مساحته ونوعه ومحتوياته، وحدوده وأساليب تأمينه والعمل به وهل هو مفتوح أم مغلق وكذلك بيان طبيعة المنطقة ووصف الحالة العامة للمكان من حيث الطقس والاضاءه وحالة الطريق، وكيفية البحث عن الآثار المادية، وبيان أنواع الأجهزة والمواد الكيميائية المستعملة، والآلات المستعملة، وأساليب العثور على الآثار، والطريقة التي أرسل بها إلى المختبر الجنائي. كما يجب أن يوضح في المحضر بيانات كل حرز وكيفية العثور عليه ورفعه وما أذا كان هناك تغيير في مسرح الجريمة أو مكان الآثار المادية المعثور عليها أو عبث بالمسرح أو تلف لبعض الآثار المادية أو الأجزاء منها أم لا. ويوضح أيضاً في المحضر كيفية ارتكاب الجريمة وشهود الواقعة وما اذا كان هناك قرائن أو دلائل وأي بيانات يجد محرر المحضر ضرورة في تدوينها والتي قد تفيد في إثبات الواقعة بالاضافه إلى ملاحظات محرر المحضر الشخصية اذا رآى لذلك ضرورة تتطلب ذكرها [1].

كما أن المعلومات التي يثبتها المحقق في محضر التحقيق يجب أن تكون بأسلوب سهل وبسيط ويفضل أن يستعين المحقق بورق معد سلفا مدون فيه كل ما مطلوب منه ملاحظته وتسجيله في محضر التحقيق حتى يتم إعداد المحضر بطريقه منهجيه سليمة وجيده دون نقصان.

كما يجب أن يحتوي محضر معاينة مسرح الجريمة على عناصر أساسيه تبدأ بتدوين رقم القضية وتكييفها القانوني وبيان أسم الشخص الذي أجرى المعاينة ورتبته ووظيفته ومكان تحرير المحضر وتاريخ وزمن إثبات الواقعة وكذلك يتضمن التسجيل كيفية تلقي البلاغ والانتقال إلى مسرح الجريمة مع ذكر زمن كل أجراء من هذه الإجراءات.

---

[1] سامي حارب المنذري وآخرون- مصدر سابق- ص153.

كما يفضل أن يتضمن التوثيق موجز عن الواقعة، وتأتي بعد ذلك المرحلة الأساسية وهي ذكر موضوع معاينة مسرح الجريمة وما أسفر عنه من آثار ماديه وبيان موقع كل أثر على حده في مسرح الجريمه. ويتضمن المحضر ـ أيضا كيفية الكشف عن الآثار المادية وتصويرها وأساليب رفعها وتحريزها وبيان مكونات كل حرز ووصف الوعاء الذي حرز فيه الأثر، ويذكر في المحضر كيفية إرسال الأثر بعد تحريزه إلى المختبر واسم ورتبة الشخص الذي تولى إرسال الحرز وبيان مادون على الحرز من الخارج وعدد أجزاء الحرز وبيان محتويات كل حرز ورقمه، ويوضح أيضاً مضمون المذكرة المرسلة مع الحرز المحررة بمعرفة المحقق والمرسلة إلى المختبر الجنائي والتي تتضمن المطلوب فحصه وإبداء الآراء الفنية بالنسبة للأثر المادي المحرز [1].

وينهي محضر الكشف على مسرح الجريمة بذكر الساعة التي تم فيها الانتهاء من تسجيله ويذكر ما يفيد إلحاقها بالمحضر الأصلي اذا كانت المعاينة تحتوي محضراً منفصلاً، وعندما يكون إثبات المعاينة جزء من المحضر الأصلي بعد انتهاء تسجيل المعاينة يتم تدوين ما يتخذ من إجراءات بعدها مباشرة مع مراعاة إعادة فتح المحضر ـ وغلقه عند تسجيل الإجراءات وذكر الزمان والأماكن التي اتخذت فيها الإجراءات.

المطلب الثاني

توثيق مسرح الجريمة بالتصوير

التصوير الفوتوغرافي لمسرح الجريمة جزء أساس من الأدلة الدائمة والشاملة التي يتم الاستعانة بها في المحاكم لإثبات أو نفي حقيقة أو استفسار. وتأتي أهمية التصوير الفوتوغرافي في أن المعاينة المبدئية لمسرح الجريمة يستحيل معها

---

[1] سامي حارب المنذري وآخرون ـ مصدر سابق ـ ص153.

تحديد كل الأشياء التي ستتضح أهميتها فيما بعد إلا بالرجوع إلى الصور المأخوذة لمسرح الجريمة، وبواسطتها يمكن الاجابه عن بعض الاستفسارات اللاحقة، فالصور كتاب مفتوح يعبر عن الواقع بدون حذف أو اضافه.

وكذلك يساعد التصوير الفوتوغرافي بتدارك شوائب المعاينة البصرية ونواقصها ومن ثم شوائب الذاكرة، لكن ينبغي أن لا يكون ادخل أي تعديل على حالة الأمكنة ويجب أن تظهر كما كانت عند اكتشاف الجريمة[1].

وتبرز أهمية تصوير مسرح الجريمة بما يلي:

1- إعادة تكوين مسرح الجريمه.

2- تنشيط ذاكرة المحقق واستعادة التفاصيل الهامة التي قد ينساها.

3- تكوين رأي شخصي جديد للمحقق الذي لم يناظر مسرح الجريمه.

4- تنشيط ذاكرة الشهود.

5- توضيح تفاصيل مسرح الجريمة وعلاقة الأشياء الموجودة بالجثه.

6- توضيح الإصابات الموجودة بالجثة [2].

ولابد أن يسعى المحقق عند تصوير محل الحادث إلى تأمين الحصول على لقطات متسلسلة تبين اكبر قدر من المعلومات المفيدة، بحيث تمكن الناظر إليها من فهم كيفية ارتكاب الجريمه. ويتعين على المصور أن يظهر في تصويره علاقات مختلف الأشياء المصورة ببعضها، فلا بد من إظهار المسافات بين الأشياء بوضوح بالنسبة لحجم الصورة العام، ونظراً لأن المحقق لا يتوقع منه إثناء قيامه بالتصوير أن يعرف أهمية الأشياء والآثار المصورة جميعها، لذلك يجب عليه أن يلتقط عدداً

---

(1) د. مارسيل لوكير- الوجيز في الشرطة التقنية- ترجمة د. – بسام ألهاشم- الدار العربية للموسوعات- بيروت- لبنان- بدون تاريخ- ص277.

(2) د – هشام عبد الحميد فرج – مصدر سابق- ص123.

كبيراً من التصاوير لضمان توفير مجموعة تصاوير تغطي جميع تلك الأشياء والآثار الموجودة في مكان الجريمة تغطيه شامله وكاملة [1].

لذا أصبحت آلة التصوير أداة ملازمه للأعمال التحقيقية، حيث أن استخدامها يكون من اختصاص المصور الجنائي في مديرية الأدلة الجنائية، ويعمل مع المحقق عند إجراء التصوير لغرض تأمين الحصول على لقطات متسلسلة تبين أهم المعلومات المفيدة من خلال الأساليب التالية عند التصوير [2].

الفرع الأول - التصوير الإجمالي للحادث:

على المصور الجنائي أن يلتقط عدداً من الصور كمنظر عام للمكان الموجود فيه مسرح الجريمة، حيث تنتقل آلة التصوير من منظر إلى آخر وباتجاه عقرب الساعة حتى يتم التقاط أربع تصاوير على الاقل.

الفرع الثاني - تصوير الجثة:

عندما يكون مسرح الجريمة يتعلق بحادث قتل أو وفاة مشتبه بها يجب اختيار مجموعه من أوضاع اللقطات لبيان المظاهر المهمة فيها كالجروح والعلامات الفارقة والعاهات مثلا، وبعد ذلك يتم تصوير الجثة بعد رفعها بعدة لقطات أخرى اضافيه كذلك يتم تصوير المكان الموجود تحت الجثة لبيان الآثار الموجودة عليه، وفي حال كون الجثة مجهولة الهوية فيجري تصوير الوجه في هذه الحالة من جانبيه ومن جهته الأمامية أيضاً [3].

---

[1] جارلس – أي- اوهار- وغريغوري- اوهار- أسس التحقيق الجنائي- الجزء الأول – القسم العام- ترجمة نشأت بهجت البكري- الطبعة الأولى- مطبعة التعليم العالي- بغداد. 1988- ص62.

[2] فخري عبد الحسن علي – المرشد العملي للمحقق- مطبعة الزمان – بغداد. 1999- ص55.

[3] جارلس – أي- اوهار – وغريغوري –اوهار- أسس التحقيق الجنائي – الجزء الأول- مصدر سابق – ص63.

الفرع الثالث - تصوير المنطقة القريبة من مسرح الجريمة:

لا يغيب عن البال وجوب عدم اعتبار مسرح الجريمة مجرد منطقه محدده بما يحيط بالمجني عليه مباشرة أو بما كان المجرم يهدف إليه من ارتكابه للجريمة، فهناك المداخل والمخارج التي يسلكها المجرم، وهناك الأماكن التي هرب منها أو إليها المجرم، فقد يجد المحقق بعض الأمور التي تهم التحقيق في تلك الأماكن وتملي عليه الحاجة على ضرورة تصويرها.

الفرع الرابع - نهاية التصوير:

عند انتهاء المصور الجنائي من التقاط الصور المطلوبة عليه أن يثبت في أسفل كل صورة بيانات عن تابعية التصوير للجريمة، ووقت وتاريخ التقاطها وبيان الظروف الضوئية والأحوال الجوية عند التقاط الصور، وكذلك الاسم الكامل للشخص الذي قام بتصوير مسرح الجريمه.

ويجب الاستعانة بمصور جنائي محترف ومتخصص في مسرح الجريمة على أن يراعي **عند تصوير مسرح الجريمة الأتي:**

1- استخدام أفلام تصوير ملونه وأفلام ابيض واسود، وذلك لكون الصور الملونة تعطي انطباع حقيقي عن مسرح الجريمة، ولكن في بعض الأحيان تكون التفاصيل غير واضحة في الصور الملونة مثال أثر بصمات الأصابع الغير ظاهره، وفي كل الأحوال اذا استطعنا أن نأخذ صوره ملونه وصوره ابيض واسود سوف يمكننا من الوصول إلى أفضل نتاج تصوير [1].

2- إظهار العلاقة بين الأشياء في مسرح الجريمه.

3- التدرج بالتصوير من النظرة العامة الشاملة للمسرح إلى النظرة الخاصة لكل شيء.

---

[1] د. هشام عبدالحميد فرج- مصدر سابق- ص123.

4- يبدأ التصوير من خارج المسرح حتى يصل إلى مركز مسرح الجريمة المتواجد فيه جثة المجني عليه.

5- تصوير المدخل الأساسي والممر المؤدي للمبنى أو المنزل المتواجدة به الجثة أو المحيط الخارجي لمكان تواجد الجثة بمسرح الجريمه.

6- تصوير مدخل الشقة أو الغرفة الموجودة بها جثة المجني عليه.

7- يشمل تصوير مسرح الحادث الداخلي عدة غرف في المنزل أو قد يشمل الشقة بكاملها مع التركيز على الغرفة الموجودة فيها الجثة ويجب ملاحظة وتصوير حالة الأبواب والشبابيك.

8- يجب تصوير مسرح الجريمة قبل ملامسة أو تحريك أي شيء من محتويات المسرح.

9- تصوير مناطق وجود آثار العنف في المسرح.

10- عدم إضافة أي علامات طباشيرية أو علامات أخرى في مسرح الجريمة قبل تصوير التفاصيل الدقيقة للمسرح بدون إضافات. اذا كان هناك حاجه لوضع علامات لبعض الآثار مثال البقع الدموية أو أي شيء آخر يتم التصوير أولا بدون هذه العلامات ثم تأخذ صور أخرى بعد وضع هذه العلامات.

11- تصوير مناطق وجود الآثار المادية مثال البقع الدموية والاسلحه وأدوات الجريمة وكل ما يظهر أنه استعمل في ارتكاب الجريمه.

12- تصوير أي بصمات ظاهره موجودة في مسرح الجريمة قبل رفعها من قبل الخبير.

13- تصوير طريق دخول المتهم إلى مسرح الجريمة وطريق خروجه.

14- استبعاد رجال الشرطة ومعداتهم التي ليس لها علاقة بمسرح الجريمة من الظهور بالصور.

15- تصوير المواطنين الفضوليين الموجودين في المسرح.

16- تصوير المتهم بارتكاب الحادث مع ملاحظة مايلي:

أ- أي تلوثات دمويه على يدي المتهم أو جسمه أو ملابسه.

ب- أي إصابات موجودة على جسم المتهم.

ج- أي آثار ماديه مرئية على ملابسه أو جسده.

د. يفضل أن يأخذ اكبر عدد من الصور.

هذه الأهمية للتصوير تبرر المطالبة بفتح دورات على استخدام مختلف آلات التصوير لرجال التحقيق عموماً بما فيهم المحققون العدليون وضباط الشرطه.

المطلب الثالث

توثيق مسرح الجريمة بالرسم التخطيطي

المخطط هو رسم إيضاحي ينظم لتحديد أماكن وقوع الجريمـة وبيـان مواقـع وإبعـاد وإشكال كل ماله علاقة مباشره لغرض إعطاء فكره عن طبيعة المحل وأسلوب وقوع الجريمـة [1].

والرسم التخطيطي لمسرح الجريمة هو عبارة عن رسـم خطـي بسـيط يشـير إلى موقـع وجود الجثة في حال كون الجريمة جريمة قتل، وعلاقته بأشياء هامـه وثابتـة في المسـرح، وهـو إضافة جديدة للتقرير المكتوب والصور الفوتوغرافية المأخوذة لمسرح الجريمـه. ويمتـاز الرسـم التخطيطي لمسرح الجريمة عـن الصـور الفوتوغرافيـة وذلـك مـن خـلال إبـرازه الآثـار الهامـة والتركيز عليها وهو ما يجعله أداة مفيدة وهامه لمسرح الجريمة [2].

---

[1] إبراهيم غازي و فؤاد أبو الخير- مرشد المحقق- الطبعة الرابعة – مطبعة دار الحياة- دمشق- 1964- ص88.

[2] د. هشام عبدالحميد فرج- مصدر سابق- ص132.

كما يعرف الرسم التخطيطي لمسرح الجريمة بأنه عبارة عن الخطوط والعلامـات التـي يرسمها المحقق في شكل خارطة مبينا فيها مكان الجريمة وكل ما له علاقة بها مجتهداً أن تأتي صورة مطابقة لأصل المكان المذكور[1].

كما أن الرسم التخطيطي لمسرح الجريمة يعتبر من ابسط الطرق وأكثرها بيانـا للإبعـاد والمقاييس الحقيقية أو الفعلية، والتعريف بالأمور المهمة المتعلقة بالأدلة أو الآثار في مواقعهـا التي هي عليها في محل الحادث[2].

كذلك يحدد على الرسم مواقع الأشياء والآثار المادية والشـهود والجـاني والمجنـي عليـه والطرق التي سلكها الجناة عند الهرب من مسرح الجريمة، والأسلوب الـذي اسـتخدمه الجـاني في ارتكاب الجريمة، وطريقة الدخول وغير ذلك مـن الأشـياء التـي توضـح مـا حـدث بمسـرح الجريمة وتجعل الناظر إلى الرسم معايش لما كان عليه الوضع في المسرح بعد ارتكاب الجريمـة ووصول المحققون والخبراء[3].

كما يجب عند إجراء الرسم لمسرح الجريمة على القائم به تحديد الأشخاص المرافقين لـه ودور كل واحد منهم، وإعداد الأدوات والأجهزة اللازمة لذلك، مع مراعاة ظروف كـل مسـرح وما إذا كان مفتوحاً أم مغلقا، ومن حيث المساحة صغيره أم كبيره، وذلك ليسـتطيع تحديـد الأشياء اللازمة للرفع[4].

[1] علي السماك- الموسوعة الجنائية- القضاء الجنائي العراقي- الجزء الأول- مطبعـة الجـاحظ – بغـداد – 1990- ص233.

[2] جارلس- أي –اوهار- وغريغوري-اوهار- أسس التحقيق الجنائي- الجزء الأول- مصدر سابق- ص67.

[3] عبدالوهاب محمد بدرالدين- التحقيق الجنائي ومهام المحقـق في جريمـة القتـل- مطابع اليمامـة- الريـاض- 1399هـ - ص137.

[4] سامي حارب المنذري وآخرون- مصدر سابق- ص161.

وعند إجراء الرسم التخطيطي لمسرح الجريمة يجب أن تتوافر أركان أساسيه هـي الأتي [(1)]:

الركن الأول – المخطط الأولي:

يقسم المخطط بصورة عامه إلى مخطط أولي ومخطط نهائي وكما يلي:

أولاً- المخطط الأولي:

هو الأسلوب الذي يتبعه المحقق موقعياً حيث لا يحتاج أن يكون رسما ذا قياس دقيق بل يكتفي بضبط النسب والقياسات والإبعـاد المطلوبـة وتـدوينها بشـك مسـودة، وبالإمكـان استعمال المخطط الأولي بعد إذ أساساً لرسم وإعداد المخطـط النهـائي، إذ لا يجـوز إجـراء أي تغيير على المخطط الأصلي بعد أن يترك المحقق محل الحادث، وجـديرُ بالـذكر أن المحقـق في إعداده للمخطط يحتاج إلى أدوات الرسم التالية:

1- قلم رسم ناعم.

2- اسـتعمال الأوراق ذات المربعـات لأنهـا تسـاعد المحقـق في الاسترشـاد بـالمخطط والنسب.

3- استعمال (الحُك) وهو جهاز خاص لغرض ضبط الاتجاهات.

4- سلسلة قياس متريه لغرض ضبط المسافات بدقه.

ثانياً- المخطط النهائي:

يتولى المحقق رسم المخطط النهائي داخل دائرته وذلـك يقتضيـ أن تتـوفر لديـه أدوات هندسيه دقيقه إضافة إلى أن تكون لديه معلومات أوليه بالهندسة وأن يكـون هـذا المخطـط مستنداً على المخطط الأولي، لذا ندعو إلى توفير المستلزمات الأوليـة لفـتح دورات (مسـاحه) لكافة المحققين.

---

(1) فخري عبد الحسن علي- مصدر سابق- 50.

الركن الثاني - أركان المخطط:

إن كل مخطط يجب أن تتوفر فيه أركان أساسيه وكما يلي [1]:

أولا - القياسات:

يجب أن تكون قياسات الرسم دقيقه، ومــن أجـل تـأمين هـذا الـركن المـهـم في رسـم المناطق الواسعة، لابد من احتساب المسافات بالياردات أو إعشار (الميل) احتساباً دقيقا قدر المستطاع. إما بالنسبة للمناطق الصغيرة، فقد يتطلب عنصرـ الدقة في ضبط قياس الرسم، ويجري ضبط القياسات من قبل الرسام – القائم برسـم المخطط- بالـذات، إذ أنـه هو الـذي يقوم بقياس المسافات الحقيقية، بينما يقوم مساعده بتدقيق أو مراجعة قراءاته، ويجب أن تثبت مواقع الأشياء المعرضة للنقل الموجودة في محـل الحـادث، بالنسبة إلى مواقع الأشياء الثابتة القريبة منها، بينما يمكن بيان قياس المسافات بين الأشياء المنقولة بالذات، لبيان علاقة أو ارتباط بعضها بالبعض الآخر للحصول على مجموعة قياسات باتجاهات مختلفة لكل منها.

ثانيا - اتجاه الحُك:

يجب بيان اتجاه الحُك على المخططات بصوره دائمة، لتسهيل مهمـة توجيـه المخطط والتعرف على جهاته، فالحُك يستعمل لتحديد اتجاه الشمال، وعلى هذا يجب أن يرسم سـهم أساسي لبيان اتجاه الشمال على المخطط بالذات.

ثالثا - بيان النقاط الأساسية:

يجب أن يحتوي المخطط علـى بيان لتلـك الأمور المهمة التـي لهـا علاقـة بـالتحقيق الجاري دون غيرها، إذ أن حشر تفاصيل غـير ضرورية في المخطط لابـد أن يـؤدي إلى جعله مخطط مشوشا مزدحما بأشياء زائدة من شأنها إخفاء الأمور

---

[1] جــارلس – أي – اوهــار- وغريغـوري- اوهـار- أسـس التحقيـق الجنـائي- الجـزء الأول – مصـدر سـابق – ص68 ومابعدها.

والمعالم المهمة الأساسية،وجعلها ملتبسة وغير واضحه. فالبساطة ناحية أساسيه في هذا الباب، إذ يجب الاختصار على بيان المواد ذات العلاقة فقط. فقد يتضمن المخطط مثلا مجمل ما في الغرفة مع أبوابها ونوافذها وغير ذلك من المعالم الثابتة وكذلك الأثاث، إما بالنسبة للجثة وغيرها من المواد المهمة، فيجب بيانها بالنسبة لعلاقتها بالأثاث أو الأشياء الاخرى. وينبغي أخذ قياسات الغرفة والمداخل وكذلك قياس مسافات مختلف الأجزاء وتدوينها – كبعد الجثة عن هذه الأشياء مثلا.

رابعا - مفتاح الرمز (الدليل):

الدليل هو شرح أو تفسير الرموز المستعملة في المخطط، فقد تستعمل علامات ورموز ملائمة في مخططات المناطق الواسعة، مما يوجب شرحها بمفتاح الرسم، إما في مخططات المناطق أو المساحات الصغيرة، فلا مانع من وضع حروف على مختلف تفاصيل المخطط عند اقتضاء الضرورة، وبيان دلالتها أو معناها في المفتاح أيضاً، ومع هذا فأن الإكثار من استعمال الحروف أو الرموز على المخطط يؤدي بطبيعة الحال إلى جعله مرتبكاً وجعل الأمور الأساسية غامضة غير مفهومه.

خامسا - العنوان:

يجب أن يكون لكل مخطط عنوان واضح يتضمن تعريفاً بالقضية (رقم القضية- نوع الجريمة- هوية المجني عليه- اسم المنطقة وموقعها، وتاريخ وساعة رسم المخطط، واسم من قام برسمه). حيث أن هذه البيانات توثق المخطط وتثبت صحة ما جاء فيه.

وتبرز أهمية الرسم التخطيطي لمسرح الجريمة كما يلي:

1- تنشيط ذاكرة المحقق.

2- تنشيط ذاكرة الشاهد.

3- تنشيط ذاكرة المتهم المتعاون.

4- توثيق للمحضر المكتوب.

5- توصيل المعلومة للمحكمة[1].

ونذكر فيما يلي وصايا عامه في كيفية تنظيم المرتسم التخطيطي لمسرح الجريمة:

1- القاء نظره مبدئية عامه على مسرح الجريمة من الأطراف والداخل لأخذ فكره عامه عنه ومعرفة ماله أهميه في الحادث مع بيان موقع المكان بالنسبة إلى الجهات الاربعه.

2- يُنتخَبُ ضلعا أساسي لمحل الحادث باتجاه الشمال تقريبا وموازياً لحافة الورقة ونهايته معلومتين. فإذا كان المحل مسوراً يُنتخب سياج أو ضلع بجوار أو امتداد لواجهة بنايه أو أحد إضلاع الغرفة، أما اذا كان المحل غير مسور فينتخب ضلع بطول مناسب تؤشر نهاياته بنقطتين أو علامتين دالتين كصخرتين أو علمين وغيرها.

3- تحديد مقياس مناسب حسب طبيعة ومساحة المكان وحجم الورقة المتيسرة ومدى التفاصيل المراد بيانها مع مراعاة الدقة في الرسم.

4-يثبت موقع الرسام (المحقق) ووجهته نحو الشمال في ورقة التخطيط، وتقاس المسافة الطبيعية بين الضلع ونقطة وقوف المحقق وتحول المسافة المطلوبة في الورقه. ويجوز أن يكون موقع وقوف الرسام على الضلع الأساسي المنتخب للرسم.

5- يرسم المخطط في ورقة مستقلة عن محضر الكشف فإذا كان المحل مسوراً مكون من أكثر من طابق واحد يرسم كل طابق بصوره منفردة أحداها بجانب الآخر أو في أسفله حسب طبيعة المحل.

---

[1] د. هشام عبد الحميد فرج- مصدر سابق- ص143.

6- بعد إكمال المخطط يتم رسم العوارض الأرضية والآثار والبقع المتروكة وجسم الجريمة وموقعها بالإشارات والرموز وطرق دخول وخروج الجاني[1].

ويجب على من قام بإجراء الرسم التخطيطي لمسرح الجريمة التأكد قبل مغادرة المسرح من مطابقة الرسم على الواقعة وذلك لتدارك الخطأ أو النسيان عندما ينظر إلى الرسم بعد إجرائه مباشرة مطابقا له على الموقع.

كما يُرفق الرسم التخطيطي لمسرح الجريمة ضمن أوراق القضية ليطلع عليه إطراف الدعوى الجنائية فالقائمون عليها في مراحلها المختلفة ويسهم في إنارة الطريق إمام المحكمة في تصور كيف كان الوضع في مسرح الجريمة عقب ارتكاب الواقعة الأجراميه ومن خلاله يمكن تقدير ظروف الجريمة والمجرم.

المطلب الرابع
التصوير بالفيديو

من الطرق المستخدمة لتوثيق مسرح الجريمة التصوير بالفيديو، وتعد هذه الطريقة من الأساليب التي تمكّن من إثبات حالة مسرح الحادث، ومراجعتها أكثر من مرة، ويفيد ذلك في التعرف على مدلولات ما تم العثور عليه في مسرح الجريمة وكل ما يتعلق به، وبالتالي تفيد هذه الوسيلة في تيسير مهمة إثبات حالة الحادث والتعرف على الحقيقة [2]، ويستخدم التصوير بالفيديو في مسرح الجريمة ويبرز الآثار المادية الموجودة فيه كما تركها الجاني ولهذا النوع من التصوير

---

[1] د. عبدالستار الجميلي ومحمد عزيز- مسرح الجريمة في التحقيق- مصدر سابق- ص45 وما بعدها و د. عبدالستار الجميلي- التحقيق الجنائي قانون وفن- مصدر سابق- ص61وص62.

[2] محمد زابن العتيبي- مهارات معاينة مسرح حادث الانتحار- رسالة ماجستير مقدمه إلى جامعة نايف العربية للعلوم الأمنية – الرياض- 2005- ص38.

أهميه خاصة في معرفة حجم الأثر ولونه، كما يساعد في تمثيل الجريمة بعد اكتشاف الفاعل لإعطاء صوره حيه عن الكيفية التي تم بها التنفيذ، فيؤيد صحة الآثار التي عثر عليها في مسرح الجريمة ومدى اتفاقها مع اعتراف المتهم وأقواله[1].

كذلك يعتبر التصوير بالفيديو أحد الطرق المتقدمة لتوثيق مسرح الحادث، فهو يعطي تصوراً شاملاً وواضحاً لمسرح الحادث ومحتوياته، كما أن له مميزات من أهمها ما يأتي:

1- نقل وصف حي، وحقيقي لمسرح الحادث.

2- تسجيل أقوال المجني عليه قبل وفاته، وتبرز أهمية هذه الأقوال في المحكمه.

3- تسجيل أقوال المتهم، بحيث يرجع إليها وقت الحاجة، خاصة فيما لو غير المتهم أقواله وأنكرها

4- المحافظة على أحداث المسرح للرجوع إليها مستقبلاً، كحالة المسرح وقت اكتشافه، والتعرف على الآثار، وتحديد مواضعها، ووضع الجثمان والإصابات، وحالة الأبواب والشبابيك والأثاث، وحالة الطقس، والتعرف على الأشخاص الموجودين بمسرح الحادث، وتنشيط ذاكرة المحقق والشهود، والخبراء[2].

وندرج أدناه طرق تصوير مسرح الجريمة بالفيديو[3]:

---

[1] د. معجب معدي الحويقل- مصدر سابق – ص87.

[2] د. ثلاب بن منصور البقمي- مصدر سابق- ص242و243.

[3] د. هشام عبدالحميد فرج- مصدر سابق- ص131 وما بعدها.

الطريقة الأولى: يقوم احد المحققين بالتصوير بواسطة كاميرا الفيديو ويقوم محقق آخر بوصف الأشياء التي يتم تصويرها، وفي هذه الحالة يجب تنبيه الموجودين بعدم التحدث إثناء فترة التصوير.

الطريقة الثانية: وهذه الطريقة يكتفي فيها بالتصوير الصامت لمسرح الجريمة وتسمى الطريقة الصامتة، وتفضل الطريقة الصامتة في كل الأحوال لأن الوصف المبدئي إثناء التصوير قد يسبب مشكله في حال إعطاء رأي خطأ عن الجريمة والمسرح.

وللحصول على نتائج جيده عن طريق تصوير مسرح الجريمة بكاميرا الفيديو، يجب إعطاء مصور الفيديو معلومات كاملة عن نوع الجريمة، وملاحظات الشهود ورجال الإسعاف، والأشخاص الذين دخلوا إلى مسرح الجريمة، وكذلك اخذ فكره مبدئية عن الموقع قبل البدء في التصوير عن طريق التجوال لمعاينة الموقع ومشاهدة حالة ترتيب المنزل، والغرفة التي ارتكبت فيها الجريمة، ووضع الجثة في حال تعلق الحادث بجريمة قتل، وأماكن الإصابات المراد تصويرها، وأماكن وجود الآثار المادية، وطريقة دخول وخروج المتهم، وحالة الأبواب والشبابيك والستائر، وأي مظاهر عنف في مسرح الجريمة. ويجب على مصور الفيديو أن يتبع عند قيامه بالتصوير ما يأتي:

1- عند بداية التصوير عليه أن يذكر اسمه الكامل ورتبته، وتاريخ التصوير والوقت، ومكان مسرح الجريمة، ثم يغلق بعد ذلك الصوت.

2- يبدأ التصوير من الخارج إلى الداخل.

3- التحرك ببطء إثناء التصوير، وتصوير المسرح بطريقه عامة في بداية التصوير.

4- يجب أن يكون ارتباط بين المنظر الذي يتم تصويره والعلامات الهامة في المسرح، لجعل مُشاهد الفلم بعد ذلك يستطيع تحديد نقطة التصوير.

5- يجب أن يتم التصوير بطريقة عاديه كما ترى الأشياء بالعين المجرده.

6- يتم تصوير الشيء الواحد من زوايا مختلفه.

7- البدء بالتصوير قبل إجراء أي تغيير بالمسرح من قبل المحققون أو خبراء الأدلة الجنائية أو الطبيب الشرعي.

8- عندما يتم إجراء أي تغيير في مسرح الجريمة بوضع علامات إيضاحيه أو طباشير يتم تصويرها بعد ذلك.

9- يجب تصوير كل الآثار المادية الموجودة في مسرح الجريمة في موقعها، مثال البقع الدموية والاسلحه وأدوات الجريمة والشعر والمني وكل ما يظهر بأنه استعمل في ارتكاب الجريمة.

10- تصوير مراحل جمع الآثار والأدلة الماديه.

11- تصوير المتهم إثناء تدوين أقواله ورد فعله وظهور العصبية وعلامات الارتباك عليه عند سؤاله عن شيء في غاية الأهمية في التحقيق حيث يمكن عند إعادة التصوير التركيز على اللقطات التي أثارت عصبيته أو ارتباكه.

12- بعد ما يتم التصوير يجب على مصور الكاميرا أن يذكر اسمه ووقت الانتهاء من التصوير.

13- يكتب على الشريط نوع الحادث وتاريخه ويسلم الشريط إلى المحقق.

الاشارات والرموز المستعملة

شكل (أ)

شكل (ب)

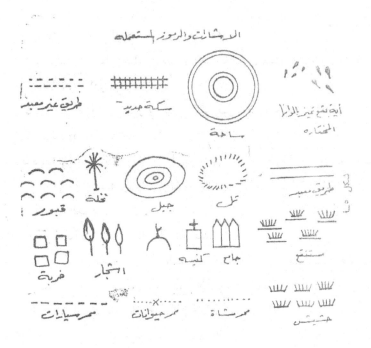

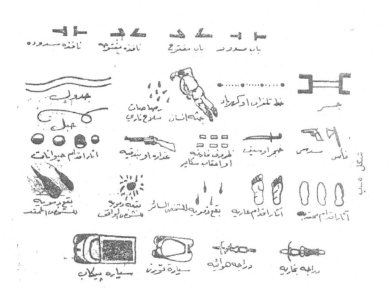

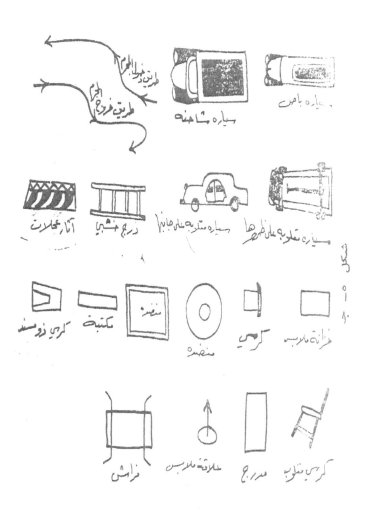

طريق دخول المجرم
طريق خروج المجرم
سيارة شاحنة
سيارة باص
سيارة مقلوبة على ظهرها
سيارة مقلوبة على جانبها
درج خشبي
آثار عجلات
خزانة ملابس
كرسي
منضدة
منضدة
مكتبة
كرسي ذو مسند
كرسي مقلوب
مدرج
علاقة ملابس
فراش

شكل ٥ - ٣

الفصل الثاني
الآثار المادية في مسرح الجريمة

الفصل الثاني
الآثار المادية في مسرح الجريمة

الأثر كل علامة توجد في مكان الجريمة أو تشاهد بملابس المجني عليه أو جسم المجني عليه أو المتهم وتكون هذه العلامة عالقة بشيء ما في مكان أو في مسكن المتهم وتساعد على كشف الحقيقة من حيث وقوع الجريمة وكيفية معرفة الجاني [1].

ويقال عن الأثر هو كل ما يتركه الجاني في مسرح الجريمة أو في الأماكن المحيطة بالمسرح أو المجاورة له وكذلك الأماكن المتصلة به[2].

كما يعرف الأثر بأنه أي شيء مادي ملموس حقيقي سواء كان صغير أم كان كبير يمكن من خلاله إثبات أو نفي سؤال عن الجريمة [3].

ويمكن القول أن الأثر هو كل علامة يتركها الجاني في مسرح الجريمة أو خارجه أو على جسم المجني عليه أو يحملها الجاني نتيجة تفاعله مع المجني عليه، وتساعد في كشف غموض الجريمة وإظهار الحقيقة وتحدد وقت ارتكاب الجريمة وعدد الجناة، ويسهم الأثر في تحديد الجاني وإثبات التهمه المسندة إليه أو نفيها عنه وإثبات براءته[4].

وتعريفنا هو كل شيء يتركه الجاني في مسرح الجريمة وكافة الأماكن التي استخدمها لتنفيذ جريمته ويساعد في كشف الجريمة ونسبتها إلى مرتكبها.

---

[1] محمد أنور عاشور- الموسوعة في التحقيق الجنائي العملي - عالم الكتب - القاهرة - ط2 - بدون تاريخ- ص199.

[2] حسين محمد إبراهيم- الوسائل العلمية في الإثبات الجنائي- دار النهضة العربية- القاهرة- 1981- ص95.

[3] د. هشام عبدالحميد فرج- مصدر سابق- ص141.

[4] د. معجب معدي الحويقل- مصدر سابق - ص10.

كما يطلق على الأثر العلامة التي يمكن أن يدركها الإنسان بالنظر ومن ذلك قوله تعالى (سِيمَاهُمْ فِي وُجُوهِهِمْ مِنْ أَثَرِ السُّجُود)[1] وقوله تعالى (فَانظُرْ إلى آثَارِ رَحْمَةِ اللَّهِ كَيْفَ يُحْيِ الأَرْضَ بَعْدَ مَوْتِهَا)[2]، كما يأتي الأثر للدلالة على المتابعة ومنه قوله تعالى (قَالَ هُمْ أُولاءِ عَلَى أَثَرِي وَعَجِلْتُ إِلَيْكَ رَبِّ لِتَرْضَى)[3].

ومن ناحية علميه يجب اعتبار أي شيء وكل الأشياء الموجودة في مسرح الجريمة آثاراً إلى أن يثبت عكس ذلك، لذلك يجب المحافظة على مسرح الجريمة لأطول فتره ممكنه لأن الأشياء التي تبدو في البداية غير هامه قد تصبح بعد ذلك ذات قيمه ذهبيه. وأن الأثر المادي هو مصدر الدليل ومن الممكن أن تكون الآثار المادية دليلاً مادياً بعد فحصها، أما قبل فحص الآثار المادية فلا يجوز أن نطلق عليها دليلاً مادياً، حيث أن كل أثر مادي ليس بالضرورة أن يكون دليل ومثال ذلك وجود أثر بصمة يعطي دليل لدخول صاحب البصمة لمسرح الجريمة ولكن ليس بالضرورة أن يكون صاحب تلك البصمة هو مرتكب الجريمة فقد يستطيع تقديم سبب قوي ومقنع عن سبب وجوده قبل حدوث الجريمة أو بعدها [4].

ولكون الجريمة من الأفعال التي تتم في الغالب في الخفاء وتحاط بالغموض خشية العقوبة، فقد يلجأ رجال التحقيق إلى التعامل مع الآثار المادية التي يجدونها في مسرح الجريمة لمحاولة الاستفادة منها قبل تتبع المجرم ومعرفة الخصائص التي تميزه عن غيره من خلال تحليل الآثار المادية والحصول على اكبر قدر من المعلومات التي يمكن من خلالها معرفة الجاني أو تسهم بشكل لا يقبل الشك في براءة المتهم لأن النتيجة التي يتوصل إليها المحقق من تحليل الآثار المادية إما أن تكون دليل ضد المتهم بالإدانة أو قرينة تحتاج إلى الدعم بقرائن وأدلة أخرى تساند

---

[1] القرآن الكريم- سورة الفتح- الآية 29.

[2] القرآن الكريم- سورة الروم – الآية 50.

[3] القرآن الكريم – سورة طه – الآية 84.

[4] د. هشام عبدالحميد فرج- مصدر سابق- ص141.

تلك القرينة وتسهم في قناعة القضاء بإدانة المتهم. وقد تكون نتيجة تحليل الأثر المادي دليلاً قاطعاً على براءة المتهم في نظر التحقيق مثال ذلك عدم تطابق دم المتهم مع أنواع الدم الموجودة في محل الحادث أو عدم انطباق بصماته على آثار البصمات التي وجدت في مسرح الجريمة [1].

وبتطور العلوم ومحاولة رجال البحث الجنائي الاستفادة من الآثار في مكافحة الجريمة والتغلب على المجرم حيث أصبح اعتماد المحققون على أسرار الآثار المادية كالبقع الدموية والمنوية وأثار الطلاء والشعر والنسيج، والأسلحة النارية وغيرها اعتمادا كبيرا في كشف غموض الكثير والعديد من الجرائم. ولقد أخذت أهمية الآثار المادية تتزايد حتى وصلت الآن إلى عدم استغناء المحققون عن أمر طلب فحص الآثار واستخلاص النتائج منها، ومن النادر جداً أن لا يستعين المحققون في الدول المتطورة بخبراء الأدلة الجنائية لغرض رفع الآثار من مسرح الجريمة وتحريزها وفحصها [2].

ومن هذا المنطلق سوف نتناول دراسة الموضوع في ثلاثة مباحث الأول سوف نتناول فيه دراسة ماهية الآثار المادية أما المبحث الثاني فسوف نتناول فيه أنواع الآثار المادية أما المبحث الثالث فسوف نتناول فيه البحث عن الآثار المادية وطرق جمعها.

---

[1] د. معجب معدي الحويقل - مصدر سابق- ص11.

[2] د - سعد أحمد محمود سلامه- مصدر سابق- ص119.

المبحث الأول
ماهيـــة الآثـــار المـــادية

إن الآثار المادية التي يتركها الجاني في مسرح الجريمة لا يمكن تحديد شكلها أو حجمها فهو يشمل مختلف العناصر الحية والميتة، والصلبة أو السائلة أو الغازية كالبقع الدموية والبقع المنوية والظروف الفارغة والمقذوفات والشعر والمواد السامة وقطع القماش الممزقة وما إلى ذلك فكلها تعد أساساً مكونا للآثار المادية سواء كانت هذه الآثار ظاهره ترى بالعين المجردة أم كانت صغيره غير ظاهرة لا نستطيع رؤيتها إلا بواسطة العدسات المكبرة أو بواسطة الميكروسكوب، فجميعها ذات فوائد ولعلها كلما كانت صغيره كلما كانت مفيدة في التحقيق وتساعد في كشف غموض الجريمة.

وقد أثبتت التجارب إنه كلما كان الأثر صغيراً كلما غفل عنه الجاني ولم ينتبه إلى إزالته، فبقع الدم التي يغسلها الجاني لكي يزيلها من مسرح الجريمة لو قمنا بالبحث عن آثارها في مسرح الجريمة لوجدنا بعض من هذه البقع بين ألواح الخشب التي سقط عليها أو بين فتحات البلاط أو على الملابس، وآثار البرادة التي لا تراها العين المجردة والتي تنتج عن نشر خزانة وقطع قفل نجدها بين ثنايا بنطلون الجاني، وآثار الطلاء الدقيق وقطع الزجاج المتناثرة في حوادث المصادمات يمكن أن ترشد المحقق إلى السيارة أو الدراجة التي ارتكبت الحادث، كل هذه الآثار الدقيقة وكثيراً من غيرها تساعد على كشف غموض الجرائم وإن المهم في الأمر هو طريقة البحث عنها بدقة لجمعها ثم فحصها حتى يمكن الاستفادة منها [1].

---

[1] د. سعد أحمد محمود سلامه- مصدر سابق- ص121.

ويتخذ المجرم عادةً تدابير احتياطية قبل ارتكابه الجريمة وبعد ارتكابه الجريمة لإخفائها عن طريق عدم ترك آثار لأفعاله من شأنها أن تشير أليه أو أن تساعد في التعرف على شخصيته، إلا انه ومهما كان الجاني حريص لإزالة الآثار التي تدل عليه لا بد وان يترك أثر يدل عليه نتيجة ارتباكه وتخوفه، وقد يُعد هذا الأثر دليل يؤدي إلى تجريمه، لذلك يجب على المحقق أن يوجه اهتمامه للبحث عن الآثار التي يتركها الجاني في مسرح الجريمة أو في مكان آخر، وتحريزها والمحافظة عليها لغرض التعرف على مرتكب الجريمة [1].

وسوف نتناول دراسة هذا المبحث من خلال ثلاثة مطالب الأول سوف نتكلم فيه عن مفهوم الآثار المادية أما الثاني فسوف نتكلم فيه عن مصادر الآثار المادية أما الفرع الثالث فسوف نتكلم فيه عن أنواع الأدلة.

المطلب الأول
مفهوم الآثار المادية

تشمل الآثار المادية كل ما يتركه الجاني في مسرح الجريمة من مواد سواء كان ذلك ناتجاً منه أو من الأدوات التي استخدمها في الحادث وعلى هذا الأساس فان الآثار الناتجة منه ربما تكون بقعة دموية أو مني أو بصاق أو براز أو بول أو عرق أو بصمات أو آثار أقدام أو شعر، أما الآثار الناتجة عن الأشياء التي يستخدمها الفاعل فهي كالمسدس والطلقة والمقذوف والظرف الفارغ والسكين والعصا والمنشار والمطرقة والمفك وغيرها، وتختلف طبيعة وحالة هذه الآثار حسب نوع الجريمة فالآثار المتخلفة عن جريمة القتل تختلف عن الآثار المتخلفة عن جريمة السرقة أو الحريق.

---

(1) د. عبد الستار الجميلي- التحقيق الجنائي قانون وفن- مصدر سابق- ص109.

الفرع الأول - أهمية الآثار المادية:

للآثار المادية أهميه بالغة في التحقيق فهي تسهم في إدانة المتهم أو تؤكد براءته وذلك هدف يسعى المحقق لبلوغه حرصاً منه لتحقيق العدالة، والأثر المادي يؤدي دائماً إلى التحقق من شخصية صاحبه أما بطريقة مباشرة كالحصول على ما يشير صراحة إلى الفاعل[1].

وللأثر المادي أهمية خاصة في التعرف على سلوك الجاني أحيانا فوجود إعقاب سجائر في مسرح الجريمة يدل على أن الجاني يحتسي السكائر وكذلك وجود تشوه في آثار الإقدام يدل على أن الجاني لديه تشوه وهذا يستفيد منه المحقق في تضييق دائرة البحث، وتتبع الآثار يحدد للمحقق أماكن دخول الجاني وكذلك طرق دخوله إلى المسرح وخروجه منه وتعدد الآثار يساعد المحقق في معرفة عدد الجناة وذلك عن طريق تعدد الآثار المادية في مسرح الجريمة واختلافها.

وللآثار المادية أهميه كبيرة في التحقيق كونها تسهم في إدانة المتهم اذا كان له علاقة بارتكاب الجريمة وتؤكد براءته أن لم يكن له صله بارتكابها. وأن الأثر المادي يستفاد منه في كشف وإظهار وجود الجريمة وتحديد فاعلها.

ولابد أن تتخذ إجراءات معينه بعد وقوع الجريمة للتحري عن الأدلة التي تثبت كيفية وقوع الجريمة وأسبابها لغرض إثبات ونفي ارتكابها من قبل من أسندت أليه، وتعرف إجراءات التحري عن الجريمة بأنها تلك الإجراءات التي يستهدف منها جمع المعلومات والإيضاحات عن الجريمة ومرتكبها، والتي يمارسها أعضاء الضبط القضائي تحت أشراف الادعاء العام[2].

وللآثار المادية أهميه كبيرة فيما يلي:

أولا- كشف الغموض المحيط ببعض النقاط في بداية البحث، كالتأكد من صدق أقوال المجني عليه والشهود.

---

[1] د. معجب معدي الحويقل- مصدر سابق- ص109.
[2] د. سامي النصراوي - مصدر سابق- ص319.

ثانيا- الاستدلال على كيفية ارتكاب الجريمة.

ثالثا- الوصول إلى العلاقة بين شخص المتهم والمجني عليه ومكان الحادث عن طريق الآثار المادية التي تركها في محل الحادث أو تخللت أليه من مكان الحادث.

رابعا- التعرف على شخصية المجني عليه [1].

وتختلف الآثار المادية في مسرح الجريمة حسب طريقة الدخول والخروج من المسرح وكذلك العنف المسبب للنتيجة الإجرامية.

الفرع الثاني - الغرض من دراسة الآثار المادية:

إن الغاية من دراسة الآثار المادية هي تحقيق فوائد كثيرة في التحقيق الجنائي إذ للأثر المكان الأول في التحقيق الجنائي لأنه يكون في الغالب أهم الأدلة المحسوسة التي يتم العثور عليها في مسرح الجريمة والتي تنطق الصدق إلا ما كان منها مفتعلاً، ولها قيمه أساسيه وكبيرة لحمل هيئة القضاء على القناعة، وسوف نذكر فيما يلي بعض فوائد الآثار المادية في التحقيق[2]:

أولا- الدلالة على صاحب الأثر بصوره مباشرة، كأن يكون الأثر أوراق أو علامة أو أدوات لها اسم أو علامة ترشد إلى صاحبها، ولكن هذه الحالة لا تكون دقيقة في كل الأحوال كأن تكون الأوراق مسروقة من صاحبها، ومثال ذلك: هو تعرض دار المواطن (س- ص) إلى سرقة والكائن في مدينة تكريت حي حماد شهاب وسرقة منه مبلغ من المال وبعض الأجهزة الكهربائية والمنزلية، وعند إجراء المعاينة الفنية على مسرح الجريمة من قبل المحقق وخبير الأدلة الجنائية تم

---

[1] د. كاظم المقدادي – الطب العدلي والتحري الجنائي- محاضرات ألقيت على طلبة الأكاديمية العربية في الدنمارك- 2008 ص41.

[2] د. عبدالستار الجميلي – التحقيق الجنائي قانون وفن- مصدر سابق- ص312.

العثور في المسرح على بطاقة أحوال مدنية تعود للمواطن (ع- ض)، وعندما تم القبض عليه أنكر التهمه المسندة أليه وادعى بأنه فقد بطاقة الأحوال المدنية العائدة له منذ ثلاثة أشهر وإنه قام بأخبار الجهات ذات العلاقة بذلك، ومن خلال التحقيق تم الاشتباه بشخص يدعى (أ-ج) وتم التحقيق معه واعترف بارتكابه جريمة السرقة وادعى بأنه عثر على بطاقة الأحوال المدنية العائدة للمدعو (ع - ض) في احد شوارع المدينة قبل ارتكابه الجريمة وأنه تعمد بتركها في مسرح الجريمة وذلك لغرض أبعاد الشبهة وتضليل المحققون [1].

ثانيا- الدلالة على صاحب الأثر بطريقة غير مباشرة، كأن يكون أثر قدم أو إصبع أو بقعه دموية أو منوية أو أثر شعر أو أسنان، فلا يمكن معرفة صاحب الأثر إلا بعد فحصها بالطرق الفنية ومضاهاتها على آثار من يشتبه فيهم.

ثالثا- يساعد الأثر في الدلالة على شخصية المتهم أو عاداته أو حالته الصحية أو ميزاته، فآثار العنف المتروكة على جسم المجني عليه تدل على قسوة الجاني [2]، وأعقاب السجائر تدل على عادة التدخين عنده ووجود مرض في الدم يدل على نوع المرض وأثر إطارات السيارة يدل على نوعها. رابعا - دلالة الأثر على خط السير الذي سلكه صاحبه قبل وفي إثناء وبعد القيام بعمله.

---

[1] سجلت الشكوى في مكتب تكريت لمكافحة الأجرام - 1997.

[2] وهذا يفيد في التعرف على الجاني أولا، ولتطبيق الظروف المشددة بحقه ثانياً، مثال ذلك ما نصت عليه المادة 1/406/ج من قانون العقوبات حيث نصت على أنه: (يعاقب بالإعدام من قتل نفسا عمدا. . . . . . وجاء نص الفقرة جـ بأنه اذا استعمل الجاني طرق وحشية في ارتكاب الجريمة).

الفرع الثالث - تقسيم الآثار المادية:

ظهرت محاولات عديدة لتقسيم الآثار المادية والسيطرة عليها لغرض جمعها وفحصها وتحليلها حتى يمكن الإلمام بها، ويمكن تقسيم الآثار المادية إلى عدة أقسام اعتمادا على حالات الأثر المادي أو مصادره أو طبيعته أو حجمه وسوف نذكر في ما يلي بعض التقسيمات [(1)]:

أولا - الآثار المادية من حيث ظهورها:

وتقسم الآثار المادية من حيث ظهورها إلى نوعين وكما يلي:

1- الآثار المادية الظاهرة:

هي تلك الآثار التي يمكن للمحقق أن يدركها بالعين المجردة دون استعمال أية من الوسائل العلمية الأخرى، وتوجد الآثار المادية الظاهرة بصور مختلفة فمنها الصلبة مثل المقذوفات النارية والظروف الفارغة أو الزجاج أو السكين أو المطرقة ويمكن أن تكون الآثار المادية سائله مثل مشتقات البترول التي تستخدم في جرائم الحريق العمدية والمواد الكحولية المسكرة.

2- الآثار المادية الخفية:

ويقصد به كل أثر لا يمكن أن يدرك بالعين المجردة ويتطلب كشفه الأستعانه بالوسائل الفنية الطبيعية أو ألكيميائيه أو باستعمال أجهزة الميكروسكوب والأشعة، كالبصمات غير الظاهرة التي يتركها الجاني على أي سطح لامع أو الأحبار السرية التي تستخدم في بعض الجرائم أو آثار الدم المغسولة من ارض المسكن.

[(1)] د. منصور عمر المعايطة – الأدلة الجنائية والتحقيق الجنائي- دار الثقافة للنشر والتوزيع- عمان- الأردن – 2007 – ص23.

ثانيا- الآثار المادية من حيث مصدرها وطبيعتها:

1- الآثار الحيوية:

وهي تلك الآثار التي يكون مصدرها جسم الإنسان مثل إفرازات الجسم والشعر والرائحة وآثار الأصابع.

2- آثار ذات مصادر أخرى:

وهي كثيرة ومن أمثلتها الملابس والآلات والأدوات المستخدمة في الجريمة والألياف والتربة والزجاج والإطارات.

ثالثا - الآثار المادية من حيث حجمها وجسامتها:

وتقسم الآثار المادية من حيث حجمها وجسامتها إلى:

1- آثار ماديه كبيرة:

وهي عبارة عن الأجسام الكبيرة التي تلفت نظر الجاني إليها وعادةً يلجأ الجاني إلى إخفائها مثل السلاح والآلات بشتى أنوعها.

2- آثار مادية صغيرة:

وهي الآثار التي تسقط من المتهم في مكان الحادث أو التي تعلق به من مكان الحادث ولا تثير انتباهه ولا يلتفت إليها لضآلة حجمها مثل الألياف والتربة.

رابعا - الآثار المادية من حيث حقيقتها:

وتقسم الآثار ألماديه من حيث كونها آثار حقيقية أو آثار مصطنعه إلى قسمين[1]:

---

[1] د. عبدالستار الجميلي - التحقيق الجنائي قانون وفن - مصدر سابق - ص311.

1- الآثار الحقيقية:

وهي تلك الآثار التي تترك عادة بسبب ارتكاب الجريمة مثل أزرار تقطع مـن ملابـس الجاني من جراء مقاومة المجني عليه أو بصمة إصبع تترك على جسم مصقول عقـب ملامسـة مرتكب الجريمة له.

2- الآثار المصطنعة:

وهي تلك الآثار التي يتركها الجاني في مسرح الجريمة لغـرض التضليل ولأبعاد الشـبهة عن نفسه مثل ترك في محل الحادث طاقية أو عصا أو حذاء تعود لغيره وذلك لغرض الإيقـاع بالغير وإبعاد الشبهة عنه.

خامسا- الآثار السطحية والغائرة والقطعية:

1- الآثار السطحية:

وهي تلك الآثار التي تطبع على السطوح التي لامستها بصـوره خفيفـة كآثار رضـوض الأسنان أو تسلخات الأظافر.

2- الآثار الغائرة:

هي تلك الآثار التي تترك في الجسم بصوره عميقة نسـبياً بكيفيـة تـدل عـلى حجمهـا وأبعادها، كآثار الأسنان والأظافر المتروكة بصوره قوية في الجسم.

3- الآثار القاطعة:

هي الآثار التي تنطبق على شكل المادة التي قطعت ذلك الجسـم والمتروكة في جانـب الجسم كالآثار التي تتركها الأسنان على جزء من الجسم المقطوع حيث تتخذ شكل الأسنان.

95

الفرع الرابع – الأساس العلمي للآثار:

تختلف الآثار المادية في مسرح الجريمة نتيجة الـدخول إلى المسرح أو الخروج منـه أو العنف المسبب لحدوث النتيجة الإجرامية، وهذه الآثار تعتمد في تخلفها علـى قاعـدة علميـه أساسها أن كل جسم يلمس جسم آخر لابد أن يترك جزء من مادته أو شكله عليـه ويتوقـف ذلك على حالة الجسمين وطريقة تلامسهما من حيث حجمهما وسرعة تصادمهما ومحاولـة تغلب كل واحد منهما على الآخر ويطلق على هذه القاعدة (تبادل المواد) [1].

ولا زالت نظرية التبادل التي وضعها البروفسور (لوكارد) والقائلـة كـل مجـرم لابد أن يترك أثر له بمكان الحادث أو يترك مكـان الحـادث أثـر علـى جسـمه أو علـى ملابسه نتيجـة احتكاك أحدهما بالآخر قائمه حتى الآن [2].

وأن أي تلامس يتم بين جسمين ينتج عنه أن أجزاء من مادة كل منهما لابد وأن ينتقل إلى الآخر، وتختلف كمية وحجم هذه الأجسام المتبادلـة باختلاف درجـة الليونـة أو الصـلابة التي عليها هذه الأجسام، وهذا ما يعبر عنه في نظرية تبادل المواد، ولما كان هذا التلامس لابد أن يحدث في إثناء ارتكاب المجرم لجريمته لذلك يمكن الاستفادة مـن هـذه النظريـة في مجـال الجريمة عن طريق البحث عن الآثار المادية التي يتركها الجاني في محل الحـادث ثـم رفعهـا وفحصها في المختبرات الجنائية لمعرفة الصلة بينهما وبين المجرم أو أدوات الجريمة [3].

وعندما يرتكب الجاني جريمته لابد أن يلمس شيء ما في مسرح الجريمة سواء كان ذلك بأصابعه أو بملابسه أو بواسطة الأدوات التي يحملها معه، فإذا كان المجـرم حـريص ولم يـترك بصمات أصابعه فقد تتمزق قطعه من ملابسه بواسطة اشتباكها بمسمار، أو تسقط نقطه مـن دمه على الأرض نتيجة إصابته بجرح إثناء

---

[1] د. سعد أحمد محمود سلامه – مصدر سابق- ص122.
[2] جزاء غازي العصيمي – مصدر سابق – ص145.
[3] د. عبدالعزيز حمدي- مصدر سابق – ص173.

كسره زجاج النافذة التي دخل أو خرج منها، وكما يترك المجرم آثاراً منه في مسرح الجريمة فأن آثار أخرى بنفس الطريقة تنتقل من مسرح الجريمة إلى الجاني أو الأدوات التي يستخدمها إثناء ارتكابه للجريمة.

الفرع الخامس - دور المحقق وخبير الأدلة الجنائية في المحافظة على الآثار:

إن الآثار المادية الموجودة في مسرح الجريمة تتعرض للتلف سواء كان ذلك عن قصد والذي يحصل دائما من قبل الجاني أو ذوي المجني عليه أو المجني عليه نفسه أو من دون قصد، كما يحصل من قبل أول رجل شرطه يصل إلى مسرح الجريمة أو من رجال الإسعاف في حال وجود مصاب في مسرح الجريمة وعند دخولهم لغرض إسعافه أو من قبل الفضوليين، وهنا يبرز دور المحقق وخبير الأدلة الجنائية في المحافظة على مسرح الجريمة من خلال ما يلي [1]:

أولا - يجب تحديد مسرح الجريمة قبل الدخول إليه وكذلك اختيار طريق الدخول وتحديد ما إذا كان هناك أثر قابل للتلف يتطلب الانتباه الشديد لغرض المحافظة عليه.

ثانيا - توثيق الأثر من خلال تصويره وعمل الرسم التخطيطي له.

ثالثا - على المحقق تخيل حدوث الجريمة وكيفية وقوعها كون ذلك يساعد في اكتشاف الآثار المادية.

رابعا - اعتبار أي شيء وكل شيء موجود في مسرح الجريمة أثر إلى أن يثبت عكس ذلك.

خامسا - المحافظة على مسرح الجريمة أكبر وقت ممكن، وذلك على الرغم من الفحص لمسرح الجريمة من الممكن نسيان أثر بسهولة وبالتالي يمكن الرجوع مره ثانية إلى المسرح للحصول على أثر.

---

[1] د. هشام عبد الحميد فرج- مصدر سابق - ص144.

سادسا - عدم التأثر بأي معلومات مبدئية يتم الحصول عليها في مسرح الجريمة.

سابعا - أن الآثار المادية الموجودة في مسرح الجريمة قد تكون آثار ظاهره،كما هو الحال في الجرائم المصحوبة بعنف واستخدام الأسلحة والقوة الجسدية التي تترك آثار مادية عديدة، أو قد تكون الآثار الموجودة في محل الحادث غير ظاهره وبالتالي يجب على المحقق وخبير الأدلة الجنائية الحرص الشديد حتى لا تتلف الآثار غير الظاهرة.

الفرع السادس – طريقة التعامل مع الآثار المادية:

يخضع التعامل مع الآثار المادية لمجموعة من الإجراءات الفنية التي تتمثل فيما يلي [1]:

أولا- توجد الآثار في مسرح الجريمة:

والذي قد يكون مسرح مفتوح أو مغلق، وتتعرض الآثار إلى تأثيرات خارجية، فأن أول خطوة يقوم بها المحقق هي المحافظة على هذه الآثار من الضياع والتغيير، وذلك عن طريق اتخاذ ما يلزم من إجراءات كوضع الحراسة على مسرح الجريمة وعدم السماح لأي شخص من الدخول إلية وغير ذلك من الإجراءات الضرورية للمحافظة على الآثار المادية.

ثانيا - تصوير الأثر:

يجب تصوير الأثر المادي الموجود في مسرح الجريمة بالصور الفوتوغرافية قبل اتخاذ أي إجراء سواء لنقل الأثر أو رفعه، ويجب أن تأخذ عدة صور من جوانب مختلفة وأن يقترن التصوير دوماً مع قياس متري للوقوف على حجم الأثر.

---

[1] محمد زابن العتيبي – مصدر سابق – ص47.

ثالثا - رفع الآثار:

تختلف الآثار المادية في مسرح الجريمة فمنها الظاهر التي تدرك بالعين المجردة ومنها الخفية التي لا يمكن رأيتها بالعين المجردة، وكل جريمة لها آثارها التي تخلفت من حيث الكبر والصغر والطبيعة، ويختلف الأثر تبعاً للأداة المستخدمة في تنفيذ الجريمة، وينظم المحقق الجنائي دخول الخبراء حسب الاختصاص لرفع الآثار المادية بعد تصويرها من عدة زوايا، ويتم رفع الآثار الظاهرة أولاً ثم الأجسام الكبيرة نسبياً، مثل السكينة المستخدمة في الجريمة ترفع بمسكها من طرفيها دون المساس بالقبضة حتى لا تتلف الآثار الموجودة عليها، أما اذا كان الأثر من المواد القابلة للتبخر مثل المواد الكحولية فيتم حفظها داخل كيس بلاستيكي حتى لا تتعرض للانعدام، ويجب أن يراعي عند رفع الآثار عدم اختلاط الأثر بأي شوائب أو آثار أخرى [1].

رابعا - تحريز الآثار:

يتم تحريز الآثار المختلف بصوره منفصلة عن بعضها البعض وذلك لضمان سلامتها ويتم تحريز الأثر عن طريق وضعه في أنبوبة أو علبة أو غيرها من أجهزة الصيانة الملائمة، ويجب أن يكون الوعاء الذي يحرز بداخلة الأثر نظيفاً ويتم تغليفها وختمها بالشمع الأحمر وإرسالها بكتاب إلى مختبر الأدلة الجنائية، أو تسليمها إلى الخبير الفني مباشرةً إذا كان حاضراً في مسرح الجريمة، وإذا تم إرسال الأثر المحرز من قبل المحقق يجب عليه أن يربط بطاقة بالعلبة أو الأنبوبة المحرزة تتضمن محتوياتها من المادة المطلوب فحصها وأوصافها ونوعها وحالتها ورقم القضية علاوة على تدوين أوصاف المادة المرسلة في كتاب موجه إلى مختبر الأدلة الجنائية [2].

---

[1] د. منصور عمر المعايطة - مصدر سابق - ص29.

[2] د. عبد الستار الجميلي - التحقيق الجنائي قانون وفن- مصدر سابق- ص314.

وهناك وصايا خاصة مستقاة من التجارب العلمية والأسس العملية لصيانة وتحريز الآثار الجرميه والمواد الأخرى ذات العلاقة بها نوجزها في الفقرات التالية[1]:

1- ينبغي تحريز الأشياء والمواد المعتبرة من الآثار الجرميه أو المتروكة عليها أو العالقة بها الآثار الجرميه بصوره متقنه وذلك بلف كل واحده منها في لفافة مستقلة محكمه نظيفة جافة.

2- يجب أن يكون التحريز واقياً للشيء أو المادة حتى لا يكون عرضه للتلف والكسر أو الاستبدال أو الضياع.

3- ينبغي أن تكون الأختام المطبوعة على الشمع الأحمر الملصق على الحرز سليمة وواضحة، وأن تلصق بطاقة بيان محتويات الحرز وأن يكون موقع عليه من قبل المحقق.

4- توضع ملابس كل شخص على حده في حرز مستقل، ويفضل أن تفصل حاجيات الشخص الواحد المختلفة بعضها عن بعض فيوضع كل منها في لفافة مستقلة على أن يضمها جميعها حرز واحد، ومن الأفضل أن يغطي مكان كل أثر أو بقعه أو علامة موجودة على الملابس بورق يشبك بدبابيس وأن يبقى هذا المكان دون ثني خوفاً عليه من الزوال.

5- في الحالات التي يخشى فيها ضياع الأثر، إذا بقى في مكانه من الملابس كما في حال الشعر والنسيج حيث يتعين رفع مثل هذه الأشياء في أماكنها قبل إرسال الملابس للفحوص على أن يعين المحقق المكان الذي به الأثر بدقه وإذا رأى المحقق ضرورة رفع هذه الآثار من أماكنها ووضعها في إحراز كأن يكون الأثر عبارة عن شعرات علقت في ملابس الجاني فعليه أن يزيلها بفرشاة نظيفة بحضور المتهم وهو مرتدي

---

[1] د. عبدالستار الجميلي ومحمد عزيز- مسرح الجريمة في التحقيق – مصدر سابق- ص126.

الملابس أن أمكن للحيلولة دون ادعائه فيما بعد بإدخال هذه الأشياء أو دسها للتنكيل به مع ضرورة تحديد المكان الذي كانت فيه.

6- ترفع العينات الدقيقة كالشعر والنسيج والأظافر والزجاج وآثار الطلاء وغيرها في لفافة نظيفة من الورق وتطوى بنفس الطريقة التي يلف بها الصيدلي المساحيق، ثم يوضع على فوهتها شريط لصق يحكم غلقها، وتوضع بعد ذلك بداخل مظروف يحوي على البيانات اللازمة.

7- اذا كانت المواد المراد إرسالها إلى المختبر سائله فيجب وضعها في إناء زجاجي نظيف وجاف وتكون صماماتها محكمة حتى لا تتسرب منها السوائل.

8- البقع الدموية الموجودة على مواد قابله للنقل تجفف في الهواء، ثم تحرز وترسل إلى المختبر الجنائي على أن يراعى في ذلك المحافظة على المنطقة التي بها البقع حتى تصان من التلف.

9- إذا كانت البقع الدموية على سطح يصعب نقله كالأبواب والبلاط والأرض الخشبية فيجب أن تصور البقع في الحالة التي عليها، ثم يجري رفعها وقد تنتزع المنطقة الخشبية التي تعلو البقع وإذا كانت البقع على أشياء أخرى صلبه كالأحواض والرخام والمرايا وغيرها فتمسح بقطعه نظيفة من الشاش أو القطن المبلل بالماء والمعقم وتحفظ بعد جفافها في أنبوبة، أما إذا كانت الدماء قد سقطت على الأرض وشربتها فتأخذ عينات من التربة التي شربت الدماء بعمق 5سم.

10- تجفف البقع المنوية الموجودة على الملابس أو النسيج أو الفراش بعرضها في الهواء، ثم يعتنى بطيها ولفها بالورق الأبيض النظيف وإذا كانت عالقة بالجسم فيرسل الطرفان إلى الطبيب العدلي لأخذ عينات من خارج أعضائهما التناسلية. أما في حال كون البقع المنوية ساقطة على سطح يصعب نقلها أو على الأرض فيعالج كالبقع الدموية.

11- ترفع ذرات الأقمشة والشعر والمساحيق باستعمال ورق مبلل يوضع فوق العينة فتلصق به، ثم تطبق الورقة وترسل إلى الجهة الفنية حيث تغسل وتفصل منها العينة.

12- توضع المسدسات والأسلحة القصيرة الأخرى بداخل علبة مقوى محكم غلقها، أما البنادق والأسلحة الأوتوماتيكية فتلف وتغطى الفوهة وحجرة السبطانه والإله الميكانيكية وتربط بإحكام، أما الطلقات النارية يفضل إخراجها من حجرة السبطانه والمخزن وتحفظ في إحراز مستقلة على أن يذكر على كل حرز المكان الذي وجدت فيه كل منها كمحل الحادث وبحوزة المتهم.

13- يلف الرصاص والظرف الفارغ المعثور عليه بقطعة من القطن تلافياً من حدوث خدوش فيه عند الاحتكاك برصاص أو ظرف آخر أو بجدران العلبة.

14- تصان آثار الإقدام بتغطيتها بوعاء مجوف أوسع حجماً من الأثر، ولا يسمح لأي شخص العبث بها كأن يقيم عليها حارساً. وإذا كان الأثر سطحي فيصور، أما اذا كان الأثر غائراً فيصنع له قالب من الجبس وترسل في صندوق مناسب إلى المختبر الجنائي.

15- تجري صيانة بصمات الأصابع بإبعاد الأشخاص الفضوليين من مسرح الجريمة واستخدام أقل عدد ممكن من المساعدين من قبل المحقق لتدقيق وإمعان النظر بشكل متسلسل إبتداءاً من نقطة الدخول إلى محل الحادث والمواقع التي دخل فيها الجاني وقام بلمسها وتدقيق كل ماله علاقة بالجريمة إذ يحتمل أن يكون عليه أثر خفي يمكن استظهاره بالوسائل الفنية وينتهي الفحص والتدقيق عند نقطة الخروج.

16- تبقى الألواح الزجاجية المخترقة بالرصاص أو بالمواد الصلبة الأخرى في محلاتها وتجمع القطع الصغيرة لتلك الألواح لتثبيتها في مواقعها مع القطع الأصلية غير الساقطة بغية تحديد إشكال الثقوب.

17- ترفع آثار الآلات المتروكة على جسم آخر بأخذ صوره فوتوغرافية لها ثم تصنع لها قوالب من المعاجين.

18- أما آثار العجلات والحيوانات فتنقل بصنع قالب لها من الجبس أو يكتفي بأخذ صوره فوتوغرافية لها.

19- يتم حفظ آثار الأسنان بالتقاط صوره فوتوغرافية إن كانت آثار سطحيه أو قاطعه، ويصنع قالب للأثر الغائر من الجبس.

20- تحفظ آثار الأظافر والمواد الموجودة تحتها بتحديد مواضع الآثار في أجزاء الجسم وتثبت أشكالها ثم تلتقط صوره لها إن كانت من الشكل السطحي ويصنع لها قالب من الجبس إن كانت من الشكل الغائر، وتلتقط صور لهذا القالب. كما يجري الاحتفاظ بقلامة الأظافر لمن له علاقة بالجريمة لاحتمال الانتفاع بما قد يوجد عالقاً بها من المواد الخاصة بالفعل الجنائي مثل الدم والمواد المخدرة وبرادة الحديد وقطع من اللحم البشري، والنسيج وغيرها.

21- توضع الوثائق والمستندات بداخل مظروف وتختم بختم الدائرة على الشمع الأحمر الملصق على الظروف، وإذا كانت الوثيقة ممزقه فالأفضل أن تحفظ في علبة مسطحة، وإذا كان من الضروري إعادة تجميعها تثبت على لوح زجاجي بمادة أخرى أو بورق نايلون شفاف.

22- تحرز المادة المخدرة بعد وزن الكمية المضبوطة كلها ويثبت وزنها، وبعدها يوزن الجزء المرسل للتحليل ويكتب وزنه على الحرز، ومن الأفضل أن تلف المادة المخدرة في ورق من النايلون بعناية،ثم توضع داخل صندوق من المقوى ويلف الحرز بعد ذلك بعناية ودقه.

23- تحرز الأشياء الأخرى المضبوطة مع المواد المخدرة كالملابس أو الأواني أو الأدوات التي كانت تستعمل في تعاطيها أو تدخينها وذلك في إحراز مستقلة، وترسل للفحص مع تحديد الجيب الذي كانت فيه المخدرات، وتثبت إطراف الجيب بالخيط أو بالدبابيس وفي الأحوال التي يكون فيها المخدر مذاباً في مشروب توضع العينة المرسلة في أنبوبة اختبار أو زجاجه معقمه ويحكم غلقها ثم تحفظ في داخل صندوق يؤمنها من الكسر.

24- تدون كافة الإجراءات المذكورة التي يقوم بها المحقق بالنسبة لتحريز كل ماده في محضر التحقيق.

الفرع السابع- مشروعية الحصول على الآثار المادية من مسرح الجريمة:

الدولة بسلطاتها وأجهزتها المختلفة تملك وبلا شك أن تنال حقها في العقاب من المتهم بارتكاب الجريمة بكافة الطرق والوسائل، إلا أن مبدأ الشرعية الذي يحكم الدولة القانونية يلزم أجهزتها الإدارية والقضائية سواء بسواء باحترام القواعد العامة التي حددها القانون لضمان احترام الحريات الفردية وحياة المجتمع [1].

ومن الأصول الدستورية الكبرى في نظام الدول الديمقراطية ما يعرف بمبدأ الشرعية الجنائية واحترام القانون أو سيادة القانون، أي التزام الحاكم والمحكوم بقواعد القانون التي تصدرها السلطات المختصة وهذا المبدأ ما يميز دولة القانون عن الدول الدكتاتورية [2].

ويعد مبدأ المشروعية الجنائية من أهم المبادئ التي تسود التشريعات الجنائية المعاصرة وقد اقر الدستور العراقي الجديد لسنة 2005 وفي المادة 19/ خامساً

---

[1] د. أحمد فتحي سرور – أصول قانون الإجراءات الجنائية- دار النهضة العربية- 1969 – ص61.

[2] د. سعد أحمد محمود سلامه – مصدر سابق- ص 139.

منه والتي نصت على أنه: ((المتهم بريء حتى تثبت إدانته في محاكمة عادلة، ولا يحاكم المتهم عن التهمة ذاتها مرة أخرى بعد الإفراج عنه إلا إذا ظهرت أدلة جديدة)). كما نصت الفقرة ثانياً من المادة ذاتها على أنه: ((لا جريمة ولا عقوبة إلا بنص، ولا عقوبة إلا على الفعل الذي يعده القانون وقت اقترافه جريمة ولا يجوز تطبيق عقوبة أشد من العقوبة النافذة وقت ارتكاب الجريمة)).

وبما أن القانون الجنائي لا يقتصر في أوامره ونواهيه على المساس بذمة الأفراد المالية فحسب، إنما يتعدى ذلك إلى حقوقهم وحرياتهم الشخصية، إذ إنها تلزم الإنسان على الامتثال لبعض الإجراءات كالتفتيش أو المراقبة أو الإيقاف أو الحبس وكل ذلك مدعاة للمساس بسمعته وشخصيته [1].

والمبدأ العام أن الدولة تستطيع أن تصل إلى ذلك بكل الطرق والأساليب إلا أن مبدأ مشروعية الإجراءات يمنعها من التطاول على حقوق الأفراد وحرياتهم الشخصية دون مقتضى- قانون لذلك يكفل هذا الشق من المشروعية الجنائية الحرية الشخصية للمتهم، وذلك عن طريق تنظيم الإجراءات القانونية التي تمس تلك الحريات مفترضا في تنظيمها براءة المتهم في كل إجراء من الإجراءات التي تتخذ ضده [2].

كما تخضع هذه الإجراءات لرقابة القضاء من الناحية المشروعية لأنها الحارس الطبيعي للحريات فكل إجراء من الإجراءات الماسة بحرية الأفراد يجب أن يأمر بها القضاء أو أن يحق للأفراد الاعتراض عليها ضماناً لمشروعيتها، والمقصود بمشروعية الإجراءات أن تكون إجراءات جمع الأدلة موافقة ومحدده

―――――――――――――

[1] د. حسن الجوخدار – شرح قانون أصول المحاكمات الجزائية- الطبعة الثانية – مكتبة دار الثقافة للنشر- والتوزيع – عمان- الأردن- 1977 – ص20.
[2] د. عبدالحميد ألشواربي- البطلان الجنائي- منشأة المعارف بالإسكندرية- 1977 – ص113.

وفق القانون ولا تخرج عن نصوصه وجميعها تقوم بها السلطة المختصة المهيمنة على الدعوى لإثبات وقوعها ونسبتها إلى مرتكبها [1].

وأن المبدأ الأساس في الدساتير يقوم على أساس عدم تقييد الحرية الشخصية للإنسان إلا بموجب نص صريح في القانون، وبذلك فلا يجوز أن يباشر ضده أي إجراء من شأنه المساس بحريته وكرامته وعلى ذلك فكل ما لم يجيزه المشرع من الإجراءات يعد غير مشروع ولا يترتب عليه أي أثر قانوني ولا يمكن التعويل على الأدلة المستمدة منه وذلك استناداً على القاعدة القائلة (ما بني على باطل فهو باطل) [2].

وحددت معظم الأنظمة الدولية عند القيام بإجراءات جمع الأدلة بعض الشروط والقواعد التي يجب على المحقق الجنائي عدم تخطيها أو تجاوزها،لأن عدم التقيد بهذه الأمور يعرض الإجراء والنتائج المستمدة منه إلى البطلان ومن أهم تلك القواعد المشروعية شكلاً وموضوعاً وضوح دلالات الأدلة المستمدة من هذه الإجراءات وخلوها من التلبس والغموض.

والمقصود بالمشروعية مطابقة الإجراء لكافة نصوص ومبادئ القواعد النظامية الصادرة في شأنه وعدم مخالفتها مبادئ الأخلاق والآداب بالاضافه إلى ضرورة مراعاة بقية القواعد الأخرى المنصوص عليها بطريقة مباشرة والمستمدة من النظام العام للدولة لذلك لابد أن يتسم الإجراء بالوضوح بحيث يؤدي في نهاية الأمر إلى الوصول إلى الدليل الجنائي المنشود في نهاية المطاف [3].

[1] د. محمد فالح حسن- مشروعية الوسائل العلمية في الإثبات الجنائي- دار النهضة العربية –القاهرة - 1987 – ص36.

[2] كوثر أحمد خالد. الإثبات الجنائي بالوسائل العلمية- مكتب التفسير للنشر والإعلان – اربيل – 2007 – ص58.

[3] د. منصور عمر المعايطة- مصدر سابق- ص19.

ولقد أكدت الشريعة الإسلامية على حرمة الأشخاص أنفسهم وحرمة مساكنهم، فلم تجز تفتيش الأشخاص حيث لم تسمح لأي إنسان أن يتحسس ملابس شخص آخر ليتعرف على ما يخفيه تحتها إلا إذا كان هناك مقتضى لذلك، كما يستلزم الحصول على ترخيص [1].

إما بخصوص حرمة المسكن فقد خصها الله سبحانه وتعالى بقوله ((يَا أَيُّهَا الَّذِينَ آمَنُوا لا تَدْخُلُوا بُيُوتاً غَيْرَ بُيُوتِكُمْ حَتَّى تَسْتَأْنِسُوا وَتُسَلِّمُوا عَلَى أَهْلِهَا ذَلِكُمْ خَيْرٌ لَكُمْ لَعَلَّكُمْ تَذَكَّرُونَ (27) فَإِنْ لَمْ تَجِدُوا فِيهَا أَحَداً فَلا تَدْخُلُوهَا حَتَّى يُؤْذَنَ لَكُمْ وَإِنْ قِيلَ لَكُمْ ارْجِعُوا فَارْجِعُوا هُوَ أَزْكَى لَكُمْ وَ اللَّهُ بِمَا تَعْمَلُونَ عَلِيمٌ))[2].

وكذلك جاء نص المادة (333) من قانون العقوبات العراقي التي نصت على أنه: ((يعاقب بالسجن أو الحبس كل موظف أو مكلف بخدمة عامة عذب أو أمر بتعذيب متهم أو شاهد أو خبير لحملة على الاعتراف بجريمة أو للإدلاء بأقوال أو معلومات بشأنها أو لكتمان أمر من الأمور أو لإعطاء رأي معين بشأنها ويكون بحكم التعذيب استعمال القوة أو التهديد)).

وكذلك جاء نص المادة (92) من قانون أصول المحاكمات الجزائية التي نصت على انه: ((لا يجوز القبض على أي شخص أو توقيفه إلا بمقتضى أمر صادر من قاضي أو محكمة أو في الأحوال التي يجيزها القانون بذلك)).

ولقد أكد الإعلان العالمي لحقوق الإنسان في مادته الثالثة على حقوق كل فرد في الحياة والحرية وسلامة شخصه كما منع في مادته الخامسة تعذيب أي إنسان أو تعريضه للعقوبات الفَضة أو المذلة التي تحط بكرامته، وحظر إلقاء القبض على أي

---

[1] الإمام أبي حامد محمد بن محمد الغزالي – إحياء علوم الدين – الطبعة الأولى – مجلد 2 – جـ 5 – لجنة نشر الثقافة- القاهرة – (د. ت) – ص34.

[2] القرآن الكريم – سورة النور – الآية 27 و28.

فرد أو حبسه أو نفيه بشكل تعسفي المادة (9)، واعتبر في المادة (11/11) أن أي فرد متهم بجريمة يعتبر بريئا إلى إن تثبت إدانته قانوناً [(1)].

ولقد حرص المشرع المصري على إيضاح قاعدة المشروعية في نصوص المواد (41و42و44و45و48) من دستور 1971 والتي أفصح من خلالها المشرع عن وجوب مراعاة إحكام القانون بصفة عامة عند تنظيم الحرية الشخصية للمواطن، ولدى القبض عليه أو تقييد حريته أو انتهاك حرمة مسكنه أو مراسلاته أو اتصالاته، وهكذا فأن قاعدة الشرعية الجنائية تعتبر أصلا في القانون الجنائي يعني التوافق مع إحكام القانون المكتوبة، ولقد تناولت المادة (1/24) من قانون الإجراءات الجنائية بنصها على أن واجب مأمور الضبط القضائي إجراء المعاينة اللازمة لتسهيل تحقيق الوقائع التي تبلغ إليهم أو التي يعملون بها بأية كيفية واتخاذ جميع الوسائل التحفظية اللازمة للمحافظة على أدلة الجريمة وكذلك المادة (1/31) من قانون الإجراءات الجنائية بنصها على وجوب انتقال مأمور الضبط القضائي الفوري إلى محل الواقعة في الجنايات والجنح المتلبس بها ويعاين الآثار المادية ويحافظ عليها [(2)].

وخلاصة القول يجب إن تكون إجراءات جمع الآثار المادية والتفتيش والقبض والتحقيق مشروعة وغير مخالفة للقانون وحقوق الإنسان لكي تكون صحيحة ويعتمد عليها في المحاكمة.

---

(1) د. حسن بشيت خوين – ضمانات المتهم في الدعوى الجزائية- مرحلة التحقيق الابتدائي – مكتبة الثقافة للنشر والتوزيع- عمان - 1988 – ص26.

(2) د. سعد أحمد محمود سلامة – مصدر سابق – ص140.

المطلب الثاني
مصـــــادر الآثــــار

الآثار التي توجد في مسرح الجريمة لا تحدث من فراغ، ومصـدر تلك الآثار الجـاني أو
المجني عليه أو كلاهمـا معـا، أو الأدوات المسـتخدمة في ارتكاب الجريمـة، والآثار في مسـرح
الجريمة لا يمكن حصرها كونها تختلف من حيث النوع والعدد والطبيعة، وتختلف الآثار مـن
جريمة إلى أخرى، فالآثار التي تتخلف عـن جريمة اغتصاب غير الآثار التي تتخلف عـن جريمـة
السرقة، كما توجد جرائم لا يوجد لها مسرح ولا توجد لها آثار وهـي الجرائم القوليـة مثـل
السب والقذف وتعد في نظر القانون جريمة، وعندما نقول مصادر الآثار المادية نقصد بـذلك
المكان الذي يحتوي على الآثار التي تفيـد المحقق في الحصـول علـى معلومـات مؤكـدة عـن
الجريمة من واقع ملموس لا يعتريه الشك، وأهم تلك المصادر مسرح الجريمة بما يحتويه مـن
آثار والجاني وما يصاحبه من آثار تدل على علاقتـه بالجريمـة والمجنـي عليـه ومـا يوجد علـى
جسمه وملابسة من آثار مادية تؤكـد حـدوث الجـريمة والأداة التـي اسـتخدمت في ارتكاب
الجريمة وما بها من آثار تدل على استخدامها في ارتكاب الجريمة وسوف نبين ذلك فيما يلي[1]:

الفرع الأول - مسرح الجريمة:

يحتوي مسرح الجريمة على الآثار المادية التي تخلفت عن ارتكاب النشـاط الإجرامـي،
سواء سقط هذا من الجاني أو المجني عليه أو الأداة التي ارتكبت فيها الجريمـة وهـذه الآثار
تفقد قيمتها في الإثبات الجنائي عندما لا يكشـف عنهـا بالأسـلوب العلمي، وفي المقابـل تأتـي
بنتائج مهمة في القبض على المشتبه فيهم عندما تأخذ

---

[1] د. معجب معدي الحويقل- مصدر سابق - ص15.

العينات اللازمة بصوره صحيحة ويتم مضاهاتها في المختبر الجنائي والبحث عن الصلة بين أصل المادة والعينة المأخوذة [1].

ويجب على المحقق الانتقال فوراً إلى مسرح الجريمة عند إخباره بالحادث، لأن عامل الزمن له أثر في تغيير معالم المكان والماديات بالزيادة والنقصان، وكلما فات الوقت على وقوع الجريمة كلما تهيأت لدى الجاني فرصة للعبث في مسرح الجريمة، فيستبدل ملابسه الملطخة بالدماء بملابس أخرى نظيفة ويزيل آثار الدماء العالقة بجسمه، ويحدث تغيير في مكان الجريمة فيضع شيء موضع شيء آخر أو يبعد شيئاً عن مكانه الذي كان موجوداً فيه وينقل الجثة من مكانها إلى مكان ابعد أو يغير من وضع الجثة وإذا اتسع له الوقت يستطيع إخفاء الجثة ومع مضي الوقت يستطيع الجاني إخفاء أداة الجريمة أو المسروقات [2].

ويجب على المحقق أن يبدأ بحثه بتفهم لطبيعة الجريمة والأماكن التي يحتمل إن توجد بها آثار مادية، فإذا كان الحادث عبارة عن جريمة قتل وقعت في غرفة مثلاً فعلى المحقق أن يبدأ بحثه عن الآثار والبقع الدموية بتحديد نقطه للبدء منها كأن يبدأ أولا بباب الغرفة في اتجاه عقرب الساعة إلى أن ينتهي بالنقطة التي بدأ منها ويبحث في الأرضية وعلى الفراش والأثاث والأبواب والشبابيك والمقاعد والمفاتيح والإقفال، وقد يعمد الجاني إلى إزالة آثار الدماء من مسرح الجريمة فيغسل أرضية المكان الذي ارتكب فيه جريمته بالماء أو يستبدل تراب الغرفة بأتربة أخرى وينظف الأبواب والنوافذ، إلا انه مهما أوتي الجاني من حرص وحذر فلابد أن يكون تاركاً وراءه آثار مادية تدل على وقوع الجريمة والتعرف على شخصية المجرم وكل هذا الأمر يتوقف على دقة المحقق وقوة ملاحظته وخبرته [3].

[1] سامي حارب المنذري وآخرون – مصدر سابق – ص58.
[2] محمد أنور عاشور– مصدر سابق- ص26.
[3] د. سلطان الشاوي- أصول التحقيق الإجرامي – مصدر سابق- ص206.

يُعـد مسـرح الجريمـة المصـدر الأسـاسي للآثـار الماديـة المتخلفـة عـن ارتكـاب الواقعـة الإجرامية وعلية يجب المحافظة على مسرح الجريمة والبحث فيه عـن الآثار الماديـة بصـوره دقيقه لغرض العثور على هذه الآثار ونقلها وتحريزها وإرسالها إلى المختبر الجنائي لغرض الفحص والاستدلال من خلالها إلى الجاني.

الفرع الثاني - الجاني:

يقصد بالجاني الإنسان الذي قام بارتكاب الجريمة ويعتبر من أهم مصادر الآثار الماديـة حيث تعلق بجسمه وملابسه بعض الآثار التي تدل على علاقته بالجريمة [1].

والجاني هو مرتكب الواقعة الإجرامية والمتواجد إثنـاء الارتكـاب عـلى مسـرح الجريمـة فقد تتخلف منه آثار مادية أو تعلق به مواد من مسرح الجريمة أو من المجني عليـة، وعنـد الكشف على هذه المواد وضبطها والتعامل معها في المختبر الجنائي تدل على احتمال تواجده في مكان ارتكاب الجريمة وذلك كالبصمات وآثار الدم وغيرها وقد لا تدل على مجـرد التواجـد ولكن تشير إلى المعاصرة إثناء الارتكاب مثل وجود بصمة في مسرح جريمة قتل تعـود للمـتهم [2]

كما يمكن العثور على أدلة مختلفة في جسـم الجـاني وملابسـة، وتختلـف هـذه الآثار حسب اختلاف الجريمة المرتكبة فعندما تكون الجريمة المرتكبـة جريمـة اغتصـاب يـتم فحـص ملابس الجاني وجسمه وذلك لغرض البحث عن آثار مقاومـة المجنـي عليهـا كـأن تكـون آثـار سحجات أظفرية أو كدمات أو آثار لعضة [3].

ويتم فحص الجاني مـن قبـل الأطبـاء والمختصـين في حالـة إجرائـه بـأقرب فرصـة بعـد الحادث وقد يكتشف الطبيب بالاضافه إلى الدليل الطبي بصدد النشاط

(1) د. معجب معدي الحويقل- مصدر سابق- ص18.

(2) سامي حارب المنذري وآخرون – مصدر سابق – ص56.

(3) د. كاظم المقدادي – مصدر سابق- ص76.

111

الجنسي الأخير آثار مثل غبار أو شعر غريب أو انسجه على جسمه بما يربط هذا الجاني بالجريمة ويجب اخذ خدوش الأظافر الموجودة على جسم الجاني بنظر الاعتبار شأنها شأن ما وجد منها على المجني علية كما يجب تفحص الأيدي بعناية ودقة بحثا عن مواد التجميل التي يمكن إن تلصق بالجاني جراء تماسه بالمجني عليها [1].

وأن أول شيء يقوم به المحقق عند مثول الجاني أمامه في التحقيق هو معاينة ملابسة وجسمه وإثبات ما يشاهده من آثار مادية وبقع دموية أو منوية ويثبت ذلك في المحضر [2].

والآثار التي يمكن أن توجد على جسم الجاني وملابسه آثار مختلفة و متنوعة حسب نوع الجريمة ومكان ارتكابها فإذا كان مكان ارتكاب الجريمة منطقة مزروعة سوف يتم ملاحظة آثار الإعشاب على ملابس الجاني.

الفرع الثالث – المجني عليه:

هو الشخص الذي وقع ضحية الجريمة أو مجموعة الأشخاص الذين وقعت عليهم الجريمة وعاده يحصل التعامل والاحتكاك بين الجاني والضحية، ويعلق في جسم الضحية أو ملابسة بعض الآثار التي يمكن أن تفيد المحقق في معرفة الجاني وخاصة إذا كانت إفرازات جسمية أو آثار آله استخدمت في تنفيذ الجريمة [3].

ويترك المجني علية آثار على الجاني وفي مسرح الجريمة مثل آثار المقاومة أو تلوث الجاني بدم المجني عليه المصاب أو المقتول ويعلق أيضا بالمجني علية

---

[1] جارلس أي أوهار وغريغوري أوهار – أسس التحقيق الجنائي- الجزء الثاني- القسم الخاص- التحقيق بجرائم معينة – ترجمة نشأت بهجت البكري- المعهد العالي لضباط قوى الأمن الداخلي – بغداد. 1988- ص281.
[2] د. سلطان الشاوي- أصول التحقيق الإجرامي – مصدر سابق- ص206.
[3] د. معجب معدي الحويقل – مصدر سابق- ص20.

آثار من مسرح الجريمة ومن الجاني عند إصابته وتلوث ملابس المجني عليه بالدم النازف منه أو يترك آثار اعتدائه على المجني عليه وكل هذه الآثار المادية عند الكشف عليها ورفعها وتحريزها وإرسالها إلى المختبر الجنائي تثبت العلاقة بين الجاني والمجني عليه وما حدث في مسرح الجريمة عند ارتكاب الواقعة[1].

وفي جرائم الاغتصاب والاعتداءات الجنسية يجب أن تفحص ملابس المجني عليها، وذلك للبحث عن آثار المقاومة كما تفحص كافة التلوثات الموجودة على ملابس المجني عليها وجسمها وذلك لمعرفة التلوثات المشتبة بها هل هي تلوثات منوية أم تلوثات دموية، وكذلك يجب البحث عن البقع المنوية الموجودة على الأعضاء التناسلية للأنثى من قبل الطبيب العدلي المختص وكذلك يتم فحص الفخذين لغرض البحث عن سحجات أظفرية أو كدمات على السطح الداخلي للفخذين من أثر مقاومة المجني عليها [2].

ونظراً لكون الاعتداء الجنسي يسبب تماساً جوهرياً بين ملابس الجاني وملابس المجني عليها وقد تمس ملابس كليهما في بعض الحالات الأرض فعلية يجب إجراء فحص دقيق على ملابس المجني عليها بحثاً عن آثار الحشائش والنباتات البرية والبذور والتربة فإذا عثر على آثار تطابق مع نفس المواد المعثور عليها في مكان الجريمة فإن هذا الدليل قد يساعد في حال وجودها على ملابس الجاني على ربط الجاني بمكان الجريمة، إما في حال وجودها على ملابس المجني عليها فأن ذلك قد يعزز قصتها بصوره جزئية [3].

ويمكن أن توجد البقع الدموية بملابس المجني علية أو بجسمه فيجب على المحقق أن يصفها وصفاً دقيقاً ومحدداً من حيث موقعها وحجمها وشكلها وهل

---

[1] سامي حارب المنذري وآخرون- مصدر سابق- ص57.

[2] د. كاظم المقدادي- مصدر سابق- ص71.

[3] جارلس أي أوهار وغريغوري أوهار- أسس التحقيق الجنائي – الجزء الثاني – مصدر سابق- ص281.

هي قديمة أم حديثه وذلك لكون البقع الدموية القديمة غالباً ما يكون لونها غامق، وعلى المحقق أن يعاين أولاً الملابس الخارجية للمجني علية ثم الداخلية مراعياً الترتيب فلا يدع شيء منها دون وصفة أو تحديده ثم يعاين جسم المجني عليه ويثبت جميع ما يشاهده في المحضر[1].

وفحص ملابس المجني عليه له أهمية بالغة في التحقيق فمن خلالها يمكن معرفة نوع الحادث فقد يعثر في الملابس على آثار عنف ومقاومة تدل على الفعل الجنائي أو قد يعثر بها على خطاب يدل على الانتحار أو من خلالها يتم الاستدلال على تحريك الجثة أو نقلها وذلك من خلال معرفة آثار الجر والسحب أن وجدت على الملابس وكذلك معرفة الأداة المستخدمة في ارتكاب الجريمة فوجود آثار فتحات على شكل ثقوب دائرية أو بيضويه في الملابس يدل على أن أداة ارتكاب الجريمة سلاح ناري ووجود تقطعات حادة في الملابس مقابل الإصابات بالجسم يدل على أن الأداة المستخدمة في ارتكاب الجريمة هي أداة حادة أما في حال وجود تمزق غير منتظم القطع يدل على أن الأداة المستخدمة في ارتكاب الجريمة أداة راضه ووجود تلوثات دموية كبيرة على ملابس المجني عليه يدل على وجود جروح بليغة بالمجني عليه[2].

الفرع الرابع - أداة ارتكاب الجريمة:

إن الأداة المستخدمة في ارتكاب الجريمة تترك آثارها في مسرح الجريمة وعلى الجاني والمجني عليه، ويعلق بها من مسرح الجريمة آثار من الجاني أو المجني علية ومثال ذلك السكين التي تستخدم في ارتكاب الجريمة تترك ما يشير على عرضها وطولها في الجرح الذي أحدثته وهل هي ذات حد واحد أم ذات حدين، وكذلك عند استخدام آله حادة لفتح باب خشبي تترك الأداة شكلها وآثارها

---

(1) د. سلطان الشاوي – أصول التحقيق الإجرامي- مصدر سابق- ص207.

(2) د. منصور عمر المعايطة – مصدر سابق- ص124.

عليه ويعلق بها آثار من خشب الباب وبناءً على ذلك تعتبر أداة ارتكاب الجريمة مصدر للأدلة المادية لأنها قد تدل أيضا على عدد الجناة وذلك من خلال تعداد أدواة ارتكاب الجريمة وتشير كذلك إلى قوة الجاني [1].

وقد توجد آثار الدم عالقة بأداة الجريمة وكذلك بصمات أصابع الجاني وقد يكون المجني عليه قد احتك بها فيجب على المحقق أن يتخذ الإجراءات اللازمة للمحافظة على الآثار الموجودة على الأداة التي استخدمت في ارتكاب الجريمة ورفعها وتحريزها وإرسالها إلى المختبر الجنائي لغرض الفحص.

المطلب الثالث
أنــــواع الأدلـــــــة

تقسم الأدلة من حيث طبيعتها إلى أدلة مادية وأدلة معنوية

الفرع الأول - الأدلة المادية:

الدليل المادي هو الذي يكون له مظهر مادي محسوس بحيث يمكن مشاهدته أو لمسه [2]، وهي الأدلة التي تقع تحت الحواس ويمكن مشاهدتها بالعين المجردة كمشاهدة المحقق المواد الجرميه المتعلقة بالجريمة في محل الحادث أو وجود الشيء المسروق في حوزة المتهم أو ضبط الجاني حاملاً أسلحه والأدوات التي استعملت في ارتكاب الجريمة [3].

ومن الأدلة المادية أيضا آثار المتهم التي يعثر عليها في محل ارتكاب الجريمة كبصمات أصابعه أو طبعات إقدامه أو جزء من شعره أو آثار أسنانه أو

---

(1) سامي حارب ألمنذري وآخرون- مصدر سابق- ص57.

(2) د. عبداللطيف أحمد - التحقيق الجنائي العملي - شركة الطبع والنشر الأهلية - ذ- م - بغداد. 1963- ص37.

(3) علي السماك- مصدر سابق - ص177.

أظافره وآثار عجلات سيارته أو آثار حوافر الحيوان الذي امتطاه أو آثار البقع الدموية أو آثار البقع المنوية أو آثار الأسلحة النارية أو غير ذلك.

الفرع الثاني - الأدلة المعنوية:

وهي التي تصل إلى المحقق على لسان الغير كشهادة الشهود وأقوال المتهم ورأي الخبير ورجال الفن كالأطباء وأرباب الحرف وغيرهم [1].

والشهادة هي دعامة الأدلة الجزائية وهي التي يعول عليها في إثبات الدعاوي الجزائية. أما اعتراف المتهم فقد كان قديماً يعد سيد الأدلة ولذلك كان اهتمام المحققون في الجرائم ينصب بالدرجة الأولى على انتزاع مثل هذا الاعتراف من المتهم سواء أكان طوعاً أم كرهاً وذلك عن طريق استعمال مختلف طرق التعذيب مما لا تقرها القوانين الجزائية وفي مقدمتها قانون أصول المحاكمات الجزائية، وما زال الاعتراف محافظاً على أهمية كدليل في إثبات الدعوى الجزائية إذا اقتنعت المحكمة بصحته [2].

وإذا كان الشهود والمتهمون هم مصدر الأدلة المعنوية فقد وجب على المحقق أن تكون الخطوة الأولى التي يخطوها للحصول على تلك الأدلة هي التوصل إلى معرفة أولئك المتهمين والشهود، وقد يسهل بلا شك للمحقق معرفة المتهم إذا ضبطه بنفسه متلبسا بارتكاب الجريمة أما في غير هذه فأنه لا يتسنى له معرفة المتهم ألا بما يستحصلة من الأدلة المادية والأدلة المعنوية التي تبدو هنا في شهادات الشهود، أما كيفية تعرف المحقق على الشهود فأنها تتم بواسطة المجني عليه وهو يرشد المحقق عاده إلى الشهود الذين يؤيدون أقواله وفي حال عجز المجني عليه من إرشاد المحقق إلى الشهود فعلى المحقق أن يتحرى بنفسه عن الشهود عند قيامة بإجراء التحقيق [3].

---

[1] علي السماك- المرجع نفسه - ص178.

[2] د. عبداللطيف احمد. التحقيق الجنائي العملي - مصدر سابق - ص39.

[3] المرجع نفسه - ص39.

المبحث الثاني
أنــواع الآثــار المــادية

لا يمكن حصر الآثار المادية، فكل جريمة لها ظروفها وآثارها وأهم الآثار التي تفيد التحقيق ما تخلف عن الجاني أو المجني عليه أو الأداة التي ارتكبت فيها الجريمة، ولذلك سوف نتناول دراسة الموضوع من خلال مطلبين الأول نتناول فيه دراسة الآثار الناتجة عن جسم الإنسان أما الثاني سوف نتناول فيه دراسة الآثار الأخرى المتخلفة عن أداة ارتكاب الجريمة ووسائط النقل.

المطلب الأول
الآثار الناتجة عن جسم الإنسان

توجد على الغالب في مسرح الجريمة آثار مصدرها جسم الإنسان سواء كانت هذه الآثار من الجاني أو المجني علية وسوف نتناول دراستها فيما يلي:

الفرع الأول - بصمات الأصابع:

كانت البصمات معروفة عند البابليين القدماء ويدلنا على ذلك الألواح الخزفية التي وجدت في مدينة بابل، وقد استعملوا بصمات الأصابع في معاملاتهم التجارية إذ كانوا يبصمون بإبهامهم بعض الألواح الخزفية المحتوية على ما يتعلق بأمورهم التجارية وباقي المعاملات المدنية المهمة الأخرى، وبذلك كانوا يحمون أنفسهم ضد التزوير، ولم يكن استعمال بصمات الأصابع مقصوراً على البابليين من الأمم القديمة فكانت البصمات معروفة عند الصينيين واليابانيين منذ القرن السابع بعد الميلاد وقد عثر الدكتور الإنكليزي هنري فولدز سنة 1880 عندما كان يعمل في إحدى مستشفيات طوكيو باليابان على أوان خزفية يابانية يرجع عهدها إلى ما قبل التاريخ، وثبت أيضاً أن الصينيين استخدموا بصمات الأصابع في القرن الثالث

عشر في الإجراءات الجنائية ولكن لا يعلم أن كان استخدامهم لها مشابهاً لطرقنا الحديثة أم لا [1].

وإذا نظرت إلى إطراف أصبعك أو راحة يدك لوجدتها مكسوة بخطوط عديدة تُكون إشكالاً مختلفة ومتباينة لا حصر لها ولا عدد ويقال أن هذه الخطوط تبدأ في التكوين عند الجنين وهو في بطن أمه في الشهر السادس من الحمل وتبقى محافظه على شكلها واتجاهها من وقت تكوينها حتى بعد الوفاة. وكل ما يطرأ عليها أنها تنمو وتكبر ويتباعد بعضها عن بعض تبعاً لنمو الجسم حتى يبلغ سن 21 وهو السن الذي يقف فيه نمو جسم الإنسان ولكن عدد الخطوط أو انقطاعاتها لا يتغير مطلقا وتتميز البصمة أيضا إلى جانب احتفاظها بشكلها من المهد إلى اللحد بأنها غير قابله للتغيير مهما طرأ على الجسم من حروق أو جروح أو إمراض جلدية مما ينتاب الأجزاء التي تحوي هذه الخطوط لأن الأنسجة إذا عادت إلى حالتها الأولى عادت معها هذه الخطوط إلى ما كانت عليه من قبل حيث الشكل والاتجاه والعدد، ولكن بعض الحرف قد تحدث تأثيرا على هذه الخطوط فتجعل من الصعب تمييز أشكالها كما في حالات الأشخاص الذين يعملون في البناء ولكن هذه المؤثرات دقيقة وتزول بزوال أسبابها وراحة الجلد مده من الزمن فتعود الخطوط إلى حالتها الأولى إما إذا كانت الجروح والحروق بالغة الشدة بحيث تأثر على الأنسجة إلى مسافة عميقة فأنها تترك أثراً دائماً قد تمحو به هذه الخطوط محواً تاماً [2].

وقديما قام الدكتور ادمون لوكارد في فرنسا بتجارب، فاحدث في بعض إطراف الأصابع حروقاً خفيفة بواسطة لمس المعادن الساخنة أو غمسها في الزيت أو الماء المغلي، فأتضح له أن الفقاعات التي تكونت نتيجة هذه الحروق قد احتفظت بنفس التفاصيل الدقيقة التي كانت موجودة على البشرة الأصلية حتى أصبح من

[1] د. سلطان الشاوي - أصول التحقيق الإجرامي - مصدر سابق - ص173.

[2] حسين محمد علي- الجريمة وأساليب البحث العلمي - مطبعة دار المعارف بمصر - (د. ت) - ص174.

المستحيل التفرقة بين البصمات المأخوذة قبل هذه الحروق أو بعدها بل قد استعادة البشرة الجديدة التي تكونت بعد اختفاء الفقاعات نفس التفاصيل التي كانت بها من قبل[1]. كما أن آثار الجروح التي تبقى على رؤوس الأصابع لا تؤثر في الطبعات ولا تقلص من أهميتها، على الرغم من أنها تسبب اختفاء في بعض الخطوط لمدة مؤقتة [2].

وكان أول من استخدم بصمات الأصابع بصورة عملية هو السير ((ويليام هرشل)) حينما كان حاكماً لإحدى مقاطعات البنغال في الهند قد عرض مناقصة لإصلاح بعض الطرق فتقدم احد المقاولين ويدعى ((راجبار كوني)) لهذه العملية فحرر تعهد بذلك فطلب منه ((هرشل)) أن يطبع كفة على التعهد ولم يكن هدفه إلا تخويف ((كوني)) من محاولته إنكار توقيعه وقام هرشل بطبع كفه أيضا على ظهر التعاقد وأخذ من قبيل اللهو يقارن بين كف ((كوني)) وكفة ويميز الفرق بينهما وسرته النتيجة، وأخذ بعد إذ على أهالي المقاطعة ضرورة وضع بصماتهم على كل عقد يحررونه حين لاحظ تفشي الأمية، وتزايد جرائم التزوير في الصكوك والمستندات الأخرى فانخفضت بذلك نسبة جرائم التزوير وانقطع دابر انتحال بعض الأشخاص لأسماء غيرهم في المنازعات والدعاوي المدنية، ونظراً لنجاح هذه الطريقة وفائدتها فقد اقترح سنة 1870 بتعميمها في جميع مقاطعات الهند، كما اقترح استعمال البصمات في تحقيق شخصية المجرمين والمتهمين ولكن اقتراحه هذا قد أهمل ومع أن نصحه لم يلقى أذن صاغية من حكومة الهند في ذلك الوقت فأن تجاربه العلمية والفنية قد أفادت إلى جانب نجاحها العلمي السير ((فرنسيس كالتون)) وإعانته في تتبعاته وبحوثه التي أدت إلى أخراج كتابه ((بصمات الأصابع)) الذي أصدره سنة 1893 الذي يوضح فيه أن الخطوط والانخفاضات

---

(1) حسين محمد علي- مصدر سابق- ص174.

(2) د. عبداللطيف أحمد. التحقيق الجنائي العملي – مصدر سابق- ص73.

التي تكون في رؤوس الأصابع تختلف باختلاف الأشخاص وهي ثابتة لـدى الشـخص الواحـد لا تتغير مدى الحياة ووضع أيضا تعاريف ومصطلحات مفيدة لفن بصمات الأصابع [1].

وأن بصمة الأصبع عبارة عن الخطوط الشكلية البارزة والخطوط المنخفضة المحاذيـة لها الموجودة في رؤوس الأصابع والتي تترك طابعها عند ملامستها للسطح والأجسام الملسـاء منها [2].

والبصمة هي خطوط البشرة الطبيعيـة عـلى بـاطن اليـدين والقـدمين وتتكـون آثـار البصمات عندما توضع هذه الخطوط على حامل الأثر أشياء غير خشنه وأسطح لامعة وتأخـذ البصمات قيمتها في الإثبات كدليل على أساس حقيقتين علميتين هما: إن الإنسان يحمل عـلى كف يده وأصابعه وقدمه وأصابعها خطوط مميزه لا تتغير منـذ ولادتـه وحتى مماتـه وذلـك لأن تلك البصمات تتكون والجنين في بطن أمـه، وإن هـذه الخطوط خاصـة بكـل فـرد ولا تتطابق خطوط أي فرد مع آخر على الإطلاق [3].

كما عرفت البصمات بأنها عبارة عن الآثار أو المسـامات التي تخلفها رؤوس الأصابع على السطوح الملساء عند ملامستها [4].

وهي الانطباعات التي تتركها رؤوس الأنامل عند ملامستها إحـدى السـطوح المصقولة وهي صوره طبق الأصل لإشكال الخطوط الحلمية التي تكسو جلد الأصابع [5].

[1] د. سلطان الشاوي- أصول التحقيق الإجرامي - مصدر سابق - 175.

[2] كمال جبريل عوصجي- فن طبعات الأصابع- الطبعة الخامسة- 1966- ص42.

[3] د. منصور عمر المعايطة - مصدر سابق- ص71.

[4] د. سلطان الشاوي - علم التحقيق الجنائي - مطبعة العاني - بغداد. 1969- 1970- ص64.

[5] إبراهيم غازي وفؤاد أبو الخير - مصدر سابق- ص425.

وعرفها البعض بأنها عبارة عن الخطوط البارزة التي تحاذيها خطوط أخرى منخفضة تتخذ إشكالاً مختلفة على جلد أصابع اليدين والكفين من الداخل، وعلى أصابع وباطن القدمين [1].

وتعرف البصمات بأنها عبارة عن الخطوط البارزة التي تحاذيها خطوط منخفضة والتي تكسو رؤوس أصابع الإنسان وراحتي كفيه وباطني قدميه [2].

فهذه الخطوط التي تكسو رؤوس الأنامل وراحة الكفين وباطن القدمين تمثل بطاقة شخصية ربانية أودعها الله سبحانه وتعالى في إطراف الإنسان وهي غاية في الدقة والإعجاز بحيث لا يمكن أن تتشابه بصمة إنسان مع آخر وكذلك لا يمكن إن تتطابق بصمة أصبع مع آخر في نفس يد الشخص، فكل أصبع له بصمه تختلف في بعض دقائقها وربما في جميع دقائقها وبالتالي لا تتشابه مع أصبع آخر [3].

ولقد حاول العلماء تحديد وحصر أنواع بصمات الأصابع فاقترح ((بور كنجي)) تسعة أنواع، واقترح ((كالنتون)) ثلاثة أنواع، غير أن التجارب العديدة دلت على صلاحية تقسيم بصمات الأصابع إلى أربعة أنواع فقط إذ وجدت فيها الكفاية من جميع الوجوه وهذه الأنواع الأربعة هي:

أولا - المقوسات:

إن البصمة المقوسة هي التي تتجه خطوطها التي قد تكون أفقية منحنية أو مقوسة إلى الأعلى من طرف إلى آخر دون أن تغير اتجاهها وتقسم إلى [4]:

[1] د. قدري عبد الفتاح الشهاوي- البحث الفني (الدليل المادي- التحقيق الجنائي) عالم الكتب – القاهرة – 1991- ص94.

[2] طه كاسب فلاح الدروبي – المدخل إلى علم الصمات- دار الثقافة للنشر والتوزيع- عمان - 2006 – ص38.

[3] د. سلطان الشاوي – أصول التحقيق الإجرامي – مصدر سابق – ص177.

[4] د. عبدالستار الجميلي – التحقيق الجنائي قانون وفن – مصدر سابق – ص351.

1- المقوسات البسيطة:

هو الشكل الذي تدخل فيه الخطوط من احد جانبي الطبعة وتتقوس إلى الأعلى في الوسط أو في موقع آخر بقوسا بسيطا إثناء سيرها في الطبعة ثم تنتهي في الجانب الثاني المقابل فتبدو الخطوط كأنها أقواس.

2- المقوسات الخيمية أو المرتفعة:

وهي التي تدخل الخطوط فيها من احد جانبي البصمة وتنتهي في الجانب الثاني منها دون أن تدور، أو ترجع على الجانب الذي ابتدأت منه، ولكنها تندفع في الوسط إلى الأعلى وتتقوس تقوسا حاداً ثم تنحدر وتأخذ مخرجها إلى الجانب الثاني المقابل فيبدو الشكل الذي ترسمه تلك الخطوط كأنها خيمة ويبدو الخط الوسطي كأنه عمود الخيمة والخطوط الأفقية الواقعة تحت الخطوط المقوسة تشبه قاعدة تلك الخيمة ولذلك سمي بالخيمة.

3- المقوس الاستثنائي:

في هذا النوع من المقوس تنشئ به خطوط الطبعة في هيئتها وشكلها غير أن الخط الأوسط منها لا يستمر في سيره ويخرج إلى الجهة المقابلة كبقية الخطوط، أنما يتقوس ويعود إلى الجهة التي بدأ منها مكونا بذلك ما يشبه المنحدر ويلاحظ وجود مركز واحد وزاوية واحده التي تتكون من نتيجة دوران الخط الوسطي ورجوعه إلى الجهة التي ابتدأ منها[1].

ثانيا - المنحدرات:

أن البصمة المنحدرة هي كل بصمة يدور بوسطها خط واحد أو أكثر حول نفسه مكونا ((عروه)) وهناك نوعان من المنحدرات [2]:

---

[1] د. عبدالستار الجميلي – التحقيق الجنائي قانون وفن- مصدر سابق- ص351.

[2] د. سلطان الشاوي- أصول التحقيق الإجرامي – مصدر سابق- ص178.

1- المنحدرات ألزنديه:

وهي التي تتجه خطوطها الشكلية والخطوط المركزية عند خروجها نحو الخنصر.

2- المنحدرات الكعبريه:

وهي التي تتجه خطوطها المركزية والشكلية عند خروجها نحو الإبهام.

وقد اكتسبت المنحدرات الزنديه والكعبريه اسميها هذا من اسم عظمي الكعبره والزند اللذين يتكون منها الساعد، وعلى هذا فإشكال المنحدرات سواء الزنديه منها أو الكعبريه في اليد اليمنى تختلف عما هو عليه في اليد اليسرى من حيث اتجاه خطوطها وقبل تقرير ما إذا كان المنحدر كعبريا أو زنديا ينبغي معرفة اليد التي كونت ذلك المنحدر [1].

ثالثا - مجموعة المستديرات:

وهي كل بصمة تكون الخطوط في وسطها منثنية بشكل استدارة واحده على الأقل وتكون حلقية وحلزونية أو لوزيه ((بيضويه)) [2].

وتكون في المستديرات زاويتان دائما وتقعان على جانبي الشكل قرب القاعدة وتعرفان بالزاوية اليمنى والزاوية اليسرى وتكون فيها عادة مركز واحد غير أنه قد يكون في بعضها مركزان[3]، وتقسم المستديرات إلى ما يلي:

1- المستديرات ذات المركز الواحد:

هي الإشكال التي تتكون فيها النقطة المركزية من نقطة مهما كانت هيئتها وتحيط بها كاملة الاستدارة أو بيضوية أو لوزيه الشكل.

---

(1) د. عبدالستار الجميلي – التحقيق الجنائي قانون وفن- مصدر سابق- ص350.

(2) د. سلطان الشاوي- أصول التحقيق الإجرامي – مصدر سابق- ص179.

(3) د. عبدالستار الجميلي – التحقيق الجنائي قانون وفن- مصدر سابق- ص352.

2- المستديرات ذوات المركزين:

فهي الإشكال التي يتكون من خطوطها حلزونان مزدوجان.

رابعا - المركبات:

البصمة المركبة هي التي تحتوي على نوعين أو أكثر من المقوسات والمنحدرات و المستديرات كوجود منحدرين كاملين في بصمة واحدة أو وجود منحدر بسيط بمستدير أو مستديرين يحيط احدهما بالثاني[1].

الفرع الثاني - آثار الإقدام:

أثر القدم هو شكلها الذي تتركه عند ملامستها لجسم قابل للتأثير مثل الرمل أو الطين أو التراب الناعم، أو الذي تطبعه على جسم آخر بمادة تكون عالقة بها مثل الدم أو الماء أو التراب[2].

وأثر القدم هو البصمة أو العلامة التي يتركها الإنسان في مكان ما نتيجة انطباعات أثر قدمه على أرضية هذا المكان سواء أكانت الأرضية من البلاط أو الزجاج أو أرضا رملية أو طينية أو حجريه[3].

وأثر القدم هو الشكل الذي يتركه القدم في التربة الطرية كالتراب والرمل والطين ويسمى بالأثر الغائر وقد تتلوث القدم بهذا التراب ((باختلاف نوعه)) وعند سيرها على سطح تترك أثر يسمى الأثر المطبوع، إما إذا كان سطحها صلبا مغطى بالتراب أو بالغبار فعندما تسير عليه الإقدام فأنه يعلق بها ويسمى هذا الأثر المرفوع[4].

---

[1] د. سلطان الشاوي – أصول التحقيق الإجرامي – مصدر سابق- ص179.
[2] المرجع نفسه – ص183.
[3] محمد أنو عاشور- مصدر سابق – ص194.
[4] د. كاظم المقدادي- مصدر سابق- ص42.

ومنذ ثلاث آلاف سنة تقريبا والقبائل التي تسكن الصحاري الواسعة تستخدم آثار الإقدام لتتبع صاحبها وهو ما يسمى ((قص الأثر)). لأن ظروف الطبيعة في مثل هذه الأماكن يضطر سكانها منذ حداثتهم على اللجوء إلى تتبع الأثر عندما يفارق الواحد منهم الآخر، ثم يروم معرفة الاتجاه الذي قصده، وكذلك الحال عند ضياع ماشية احدهم أو سرقتها فلا يهتدي إليها إلا بتتبع آثار حوافرها وإقدام الأشخاص الذين يصاحبونها وأن كانت مختلطة بمثيلاتها من إقدام وحوافر أخرى وأن اتساع البقاع وقلة السكان فيها يجعل الآثار تبقى لمده طويلة دون أن تختلط بسواها، ولا زال لتتبع الأثر أهمية كبيره لدى عرب البادية[1].

وتعتبر آثار الإقدام التي يخلفها المجرم في مسرح الجريمة أو بالقرب منه ذات قيمة كبيره في التحقيق وقد تصبح في بعض الظروف أدلة فعلية ومن ثم يجب على المحقق وخاصة في الجرائم الخطيرة فحص آثار الإقدام فحصا دقيقا وبالأخص إذا كان مسرح الجريمة في العراء، على اعتبار أن تلك الآثار قد تعد الدليل الوحيد، ويجب على المحقق الاهتمام بآثار الإقدام قدر المستطاع فهي التي تفتح له الطريق لمعرفة كيفية وقوع الفعل الجنائي[2].

وآثار الإقدام لها أهمية في البحث الجنائي ومن أهمها ما يلي[3]:

أولا- معرفة عدد الجناة فإذا وجدت آثار إقدام متعددة مختلفة في شكلها وحجمها ومميزاتها أمكن القول بتعدد الجناة.

ثانيا- يدل أثر القدم على الطريق الذي سلكه الجاني سواء في ذهابه إلى مكان الجريمة أو عن هربه الأمر الذي يساعد كثيرا على تتبع هذه

[1] د. عبداللطيف أحمد. التحقيق الجنائي الفني – الطبعة الثانية – شركة الطبع والنشر الأهلية – ذ – م – م- بغداد (د. ت) – ص115.

[2] د. قدري عبدالفتاح الشهاوي- الاستدلال الجنائي والتقنيات الفنية – دار النهضة العربية – القاهرة- (د. ت) ص89.

[3] محمد أنور عاشور – مصدر سابق- ص194.

الآثار والاهتداء إلى المكان الذي قصده الجاني وتردد عليه أو اختفى فيه.

ثالثا- ومن أثر القدم وشكله يتضح ما إذا كان الجاني ينتعل حذاء أو حافي القدمين وفي الحالة الأولى يمكن الوصول إلى معرفة شكل الحذاء ونوعه.

رابعا- ويمكن أن يستدل من أثر القدم على الحالة والوضع الذي كان عليه الجاني فهل كان واقفا أو يسير سيرا بطيئا أو مسرعا في مشيه أو كان يقفز.

خامسا- يدل أثر القدم على الحالة التي عليها الجاني سواء كان مريضاً أو أعرجاً.

وتقسم آثار الإقدام على نوعين [1]:

النوع الأول - عادية: وهي التي تكون خالية من أي لباس للقدم.

النوع الثاني - محتذية: وهي ما يكون بها حذاء أو جوراب.

الفرع الثالث - بصمة الإذن:

إن لبصمة الإذن أهميه بالغه في التحقيق لا يمكن التهاون بها، فهي دائما تساعد المحقق في التوصل إلى صاحبها ومعرفة بعض مميزاته، وقد سبق أن قيل أن الإذن تأتي في المرتبة التالية مباشرة بعد بصمات الأصابع كوسيلة من وسائل التعرف على الشخصية باعتبارها من أكثر أعضاء الجسم تعبيرا عن شخصية الفرد، لأن شكلها لا يتغير أبدا من الميلاد إلى الممات، واستنادا إلى ما قيل بأنه لا توجد إذنان متشابهتان، كما ثبت علميا أيضا أن بصمة الإذن اليمنى تختلف عن

---

[1] د. سلطان الشاوي - أصول التحقيق الإجرامي - مصدر سابق- ص184.

بصمت الإذن اليسرى لنفس الشخص ويختلف الشكل العام لبصمة الإذن وحجمها من شخص إلى آخر[1].

ويرى المختصون في مجال المختبرات الجنائية إن خصائص إذن الإنسان مميزه من شخص لآخر وأن هذه المميزات والخصائص لا تتغير بل تحافظ على نفسها كطبعات الأصابع لذا يرى هؤلاء أن طبعات الإذن وبنفس كفاءة طبعات الأصابع يمكن استخدامها وسيلة للتحقق من شخصية المشتبه بهم، ولذلك أن الشخص لو وضع إذنه على سطح ما كالأبواب مثلا من أجل أن يسترق السمع وينصت على الآخرين فانه يترك طبعات إذنه على ذلك السطح بنفس الطريقة التي تترك الأصابع طبعاتها [2].

ولبصمة الإذن أهمية في الإثبات حيث أثبتت بصمات الإذن فائدتها في أحدى جرائم القتل التي وقعت في عام 1985 في مدينة أوسكا في اليابان وتتلخص وقائع تلك الجريمة أن المتهم كان يدير مع صديقته احد الملاهي وقد اختلف معها حول ملكية الملهى، وفي ذات ليله قام بقتلها عن طريق الخنق وهي نائمة ومن عادة اليابانيين النوم على الأرض وإثناء عملية الخنق لامست إذن القتيلة الحائط المغطى بنوع من الورق اللامع وانطبعت لها عدة بصمات من الإذن اليمنى، وبعدها قام الجاني بنقل الجثة إلى غرفة لها في مدينة كوبي المجاورة لمدينة اوسكا وقد أنكر الجاني لدى استجوابه التهمه وادعى بأن المجني عليها لم تكن معه في تلك الليلة ومن خلال تفتيش غرفة الجاني تم العثور على بصمات إذن المجني عليها في عدة إشكال تؤكد أن البصمة قد انطبعت على الورق اللامع في ظروف استعمال العنف وجاء عامل الديكور ليثبت أنه قام بتركيب الورق اللامع في نفس يوم الحادث مما

---

[1] د - محمود محمد عبدالله - التقنيات الحديثة في مجال علم البصمات- القيادة العامة لشرطة دبي- مركز البحوث والدراسات - الطبعة الأولى - دبي- 2000 - ص76.

[2] كوثر أحمد خالد. مصدر سابق- ص295.

يدعم بينة الإذن وأخيرا انهار المتهم واعترف بقتله صديقته المجني عليها بسبب خلاف حول ملكية الملهى وأوضح كيفية انطباع بصمة الإذن على الجدار[1].

الفرع الرابع - بصمت الصوت:

تختلف أصوات الكائنات الحية بعضها عن بعض، وقد اوجد الله عـز وجـل حاسـة السمع في الإنسان لأدراك تلك الأصوات وتمييزها، وقد حاول الإنسان منذ مده طويلة التمييـز بين أصوات بني الإنسان التي وجد أنها تختلف عن بعضها حيث يمكن للسامع أن يميز صوت زيد عن صوت عمرو في الأحوال العادية من وقائع سماع الصوت، ويختلف النـاس في إدراك ذلك تبعا لمعايير أوجدها الخالق العظيم في الإنسان[2].

وتعتبر حاسة السمع لدى الإنسان من الحواس القوية على الرغم من اختلاف القدرات السمعية لـدى البشر- إلا أن لبعض الإفراد قدرة فائقـة في التقـاط الأصوات وحفظهـا فـي ذاكرتهم، وللأصوات فائدة عظيمة في تحقيق شخصية المتهمين[3].

ومن المعلوم لنا جميعا بحكم التجربة أنه يسهل التعرف علـى الشـخص مـن نـبرات صوته، ولا يرجع ذلك فقط إلى أن لكل شخص طريقة خاصة في التحدث، بل أيضا إلى التنـوع الذي لا يقف عند حد للإحداثيات السمعية للمجال الصوتي الذي تجده لـدى سكان بلد مـا ومن المؤكد حتى الآن على الأقل عدم إمكان العثور على صوتين متطابقين تمامـا ويعتـبر تمييز الأصوات وتشخيص الجاني من خلال صوته من الأدلة العلمية التي أحدثت تطورا هـائلاً في ميدان علوم تحقيق الشخصية كما

---

[1] د. منصور عمر المعا يطه - مصدر سابق- ص77.
[2] د. معجب معدي الحويقل - مصدر سابق - ص51.
[3] د. منصور عمر المعايطة - مصدر سابق - ص83.

أن استخدامها في مجال الشرطة يعتبر من أهم الأساليب العلمية الحديثة في الكشف عن مرتكبي الجرائم المختلفة [1].

الفرع الخامس - بصمة الشفاه:

تحتوي بصمة شفاه الإنسان على تجعدات وأخاديد يمكن من خلالها إثبات ذاتية الشخص عن طريق بصمات الشفاه، وذلك لكون الشفاه لها مميزات منفردة في نوعيتها [2].

وقد قام مجموعة من العلماء اليابانيين بإجراء دراسة، حيث تم جمع بصمات الشفاه لعدد(18) زوجا من التوائم تتراوح أعمارهم بين الثانية عشر والثالثة عشر من البنين والبنات من فصلين دراسيين بإحدى المدارس المتوسطة التابعة لمدينة طوكيو، وقد توصلت مجموعة البحث إلى عدة نتائج أهمها أنه لا تتفق بصمتان للشفاه على أية حال من الأحوال في نفس النمط، ومن ثم فأن بصمات الشفاه دائما ما تكون متباينة وغير متشابهه لدى مختلف الإفراد، كما دلت مراقبة بصمات الشفاه لدى التوائم بأنها تكون قريبة التشابه إلى أقصى حد ممكن وأن خواصها موروثة عن طريق الأب والأم [3].

وفي عام 1988 تم إجراء دراسة في جمهورية مصر العربية وقد أسفرت الدراسة إن لكل شخص بصمة شفاه تختلف عن أي شخص آخر، ويمكن بواسطة بصمة الشفاه تحديد الأشخاص في المجال الجنائي والطب الشرعي وفي الحالات التي يفقد فيها الإنسان إطرافه، وقد ظهر من الدراسات المختلفة التي أجريت على الشفاه أن بصماتها لا تتغير مع تقدم السن، ولم يسبق أن اعتمد على أثر بصمات الشفاه في تحقيق الشخصية أو أشير إليه في القوانين كدليل يعول علية في الإثبات

---

(1) د. محمود محمد عبدالله- مصدر سابق - ص68.

(2) د. معجب معدي الحويقل - مصدر سابق - ص54.

(3) د - محمود محمد عبدالله - مصدر سابق - ص81.

الجنائي وأن كان احتمال وجوده قائما في مكان الجريمة وخاصة على إعقاب السجائر وإناء الشرب [1].

وأن أجهزة الشرطة في دول العالم ما زالت ولحد الآن تبذل قصارى جهدها في مجال بصمات الشفاه بغية التوصل إلى نتائج مُرضية تؤكد من خلالها أو تنفي مدى إمكانية الاستعانة بها كدليل مادي يمكن الاستناد إليه لتحقيق شخصية الإفراد أو الاهتداء إليهم لذلك كله فأنه لا يمكن الاعتماد عليها بمفردها كدليل مادي في مجال الإثبات وإنما الأمر يحتاج إلى أدلة أخرى تسانده وتدعمها لتأكيد أو نفي الاتهام ضد المشتبه به.

الفرع السادس - الدم:

الدم عبارة عن نسيج سائل داخل القلب والأوعية الدموية ويتميز عن بقية أنسجة الجسم بأن خلاياه لا تبقى ثابتة بل تتحرك خلال الجسم بأكمله داخل الأوعية الدموية ويمثل الدم 7% من وزن الإنسان ويتكون من جزئين هما الجزء السائل ويسمى بلازما الدم ويشكل 55% من حجم الدم تسبح فيه الخلايا وتحتوي على البروتينات والإنزيمات والهرمونات وكذلك تحتوي على الفصيلة وخلايا الدم وتشكل 45% من حجم الدم وتشمل خلايا الدم وكريات الدم الحمراء وكريات الدم البيضاء والصفائح الدموية [2].

ويجب على المحقق أن يوجه عنايته عندما يقوم بإجراء معاينة مسرح الجريمة، فيقوم بالبحث عن آثار الدماء خصوصا في جرائم القتل باستخدام الآلات الحادة أو القاطعة وكذلك في جرائم الاغتصاب والجرائم الغير العمديه [3].

---

[1] د. معجب معدي الحويقل - مصدر سابق - ص54.

[2] د. منصور عمر المعايطة - مصدر سابق- ص37.

[3] محمد أنور عاشور - مصدر سابق - ص159.

ويعتبر البحث عن البقع الدموية هاما جدا بالنسبة للمحقق والخبير الشرعي، وأن المحقق يكون دائما متواجداً في مكان الجريمة بينما يدعى الخبير الشرعي إلى مكان الجريمة في حالات نادرة، فأنه يمكن القول: أن البحث عن البقع الدموية جزء هام من عمل المحقق، وليس البحث عن البقع الدموية أمرا سهلا كما يبدو، وأن البقع ليس دائما تكون ذات لون احمر كما هو مألوف، فمثلا تتحول بقع الدم التي تسقط على الجلد إلى بقع بنية أو سوداء بسرعة، كما أن بقع الدم التي تسقط على الجدران لا تشبه لون الدم الطبيعي نتيجة لفعل الأصباغ الموجودة على الجدران، كذلك لا يمكن رؤية بقع الدم الموجودة على الأشياء المطلية باللون البني الغامق بالعين المجردة [1].

وأن التحري عن البقع الدموية يختلف باختلاف نوع الجريمة وكيفية وقوعها ومكان وقوعها وحسب الظروف والملابسات المحيطة بها [2]. وسوف نتناول دراسة البقع الدموية فيما يلي:

أولا - لون البقع الدموية:

لا يكون لون البقع الدموية الموجودة في مسرح الجريمة احمرا دائما وإنما يختلف حسب ما يلي[3]:

1- عمر البقعة:

أ- **البقعة الدموية الحديثة:** تذوب بسهوله في الماء ويكون لونها احمر وذلك لوجود الهيموغلوبين في صورة أوكسي هيموغلوبين.

---

(1) د. الفونس رياض و د. محمد عبد القادر - العلم والكشف عن الجريمة - دار الهلال - (د. ت) - ص37.

(2) د. عبد الستار الجميلي - التحقيق الجنائي قانون وفن- مصدر سابق - ص407.

(3) د. كاظم المقدادي- مصدر سابق- ص63.

ب- البقع الدموية القديمة: تذوب بصعوبة في الماء ويكون لونها بني بسبب تحول الهيموغلوبين إلى ميتهيموغلوبين أو هيماتين وتذوب في الأحماض والقلويات المخففة.

ج- البقع الدموية القديمة جدا: لا تذوب في الماء ويكون لونها اسود لتحول الهيموغلوبين إلى هيماتو يورفورين، وتذوب في الأحماض والقلويات المركزة.

2- غسل البقع الدموية:

غسل البقع الدموية يجعل لونها اصفر ويصعب رؤيتها بالعين المجردة.

3- كمية الدم:

البقع الصغيرة تكون غير واضحة ويصعب رؤيتها.

4- مكان وجود البقع الدموية:

شدة لون السطح الذي توجد عليه البقع الدموية يجعلها غير واضحة ويصعب رؤيتها بالعين المجردة ويتم الاستعانة على إظهارها بالإضاءة الصناعية القوية.

ثانيا - إشكال البقع الدموية:

تأخذ البقع الدموية والتلوثات في مسرح الجريمة عدة إشكال حسب حالة المصاب ومكان النزف وكميته ومن هذه الإشكال ما يلي [1]:

1- بقع دموية دائرية الشكل:

وتنتج هذه البقع من سقوط الدم من جسم ساكن على سطح أفقي باتجاه عمودي تقريبا، وقد تكون ذات حواف مسننه أو غير مسننه.

---

[1] د. منصور عمر المعايطة - مصدر سابق- ص39.

2- بقع دموية كمثرية الشكل (عرموطية):

وهي بقع دموية تشبه حبة الكمثرى في شكلها وتحدث هذه البقع من سقوط الدم من الجسم بشكل مائل بزاوية وكلما زادت زاوية السقوط زادت البقع طولا وينتهي شكل البقعة عادة بخيط رفيع يشير إلى اتجاه السقوط أو اتجاه الحركه.

3- بقع دموية متناثرة على شكل رذاذ:

وهي بقع خفيفة تنتشر بشكل رذاذ من جسم المجني عليه إلى اقرب الأشياء إليه وتحدث أثناء قطع شريان كما في حالات الذبح الجنائي للعنق أو قطع شريان اليد.

4- بقع دموية على شكل مسحات:

وهي تلوثات دموية توجد على الجدران أو الأرضيات أو الأبواب وتكون على شكل مسحات وتحدث نتيجة احتكاك بجسم ملوث بالدماء كاليد مثلا عند مسحها بالجدران أو القدم الملوثة عند احتكاكها بالأرضيات.

5- بقع دموية كبيرة:

وهي بقع من الدم كبيرة الحجم تحدث نتيجة انسكاب الدم من المجني عليه في موقع الحادث من كثرة النزف.

الفرع السابع - المني:

لقد ورد ذكر المني في القرآن الكريم، قال تعالى ((أَلَمْ يَكُ نُطْفَةً مِنْ مَنِيٍّ يُمْنَى)) [1] وقال تعالى ((مِنْ نُطْفَةٍ إِذَا تُمْنَى)) [2]، وقال تعالى ((وَ اللَّهُ خَلَقَكُمْ مِنْ تُرَابٍ ثُمَّ مِنْ نُطْفَةٍ ثُمَّ جَعَلَكُمْ أَزْوَاجاً وَمَا تَحْمِلُ مِنْ أُنْثَى وَلا تَضَعُ إِلاَّ بِعِلْمِهِ وَمَا

---

(1) القرآن الكريم - سورة القيامة - ألآية 37.

(2) القرآن الكريم - سورة النجم- ألآية 46.

يُعَمَّرُ مِنْ مُعَمَّرٍ وَلا يُنْقَصُ مِنْ عُمُرِهِ إِلاَّ فِي كِتَابٍ إِنَّ ذَلِكَ عَلَى اللَّهِ يَسِيرٌ)) [1]، وفي قوله تعالى ((أَوَلَمْ يَرَ الإِنسَانُ أَنَّا خَلَقْنَاهُ مِنْ نُطْفَةٍ فَإِذَا هُوَ خَصِيمٌ مُبِينٌ)) [2] وكذلك في قوله تعالى ((هُوَ الَّذِي خَلَقَكُمْ مِنْ تُرَابٍ ثُمَّ مِنْ نُطْفَةٍ ثُمَّ مِنْ عَلَقَةٍ ثُمَّ يُخْرِجُكُمْ طِفْلاً ثُمَّ لِتَبْلُغُوا أَشُدَّكُمْ ثُمَّ لِتَكُونُوا شُيُوخاً وَمِنْكُمْ مَنْ يُتَوَفَّى مِنْ قَبْلُ وَلِتَبْلُغُوا أَجَلاً مُسَمًّى وَلَعَلَّكُمْ تَعْقِلُونَ)) [3]

ويقصد بالمني الماء الغليظ الدافق الذي يخرج عند بلوغ الشهوة الجنسية ذروتها، وهو دليل البلوغ ويمثل المني دليلا هاما في جرائم الاغتصاب والجرائم الجنسية [4].

والمني سائل هلامي لزج القوام لونه ابيض مصفر ذو رائحة قلوية مميزة يصبح قوامة سائلا بعد نصف ساعة من تعرضه للهواء وذلك بسبب فعل الخمائر الموجودة فيه، وتبلغ كمية المني عند الرجل الطبيعي حوالي 3-5 سم3 ويوجد في كل 1سم3 منها حوالي 50-80 مليون حيوان منوي ويتكون المني من جزئين هما[5]:

1- جزء سائل وهو السائل المنوي ويفرز من غدد في الجسم أهمها غدة البروستات.

2- الجزء الخلوي ويحتوي على الحيوانات المنوية، والحيوانات المنوية تتكون في الخصيتين وكل حيوان منوي يتكون من رأس بيضوي الشكل وعنق وذيل يتراوح طوله من 50- 70 ميكرون، والحيوانات المنوية دائمة الحركة في السائل المنوي.

---

(1) القرآن الكريم – سورة فاطر -الآية 11.

(2) القرآن الكريم – سورة يس-الآية 77.

(3) القرآن الكريم – سورة غافر الآية 67.

(4) د. معجب معدي الحويقل – مصدر سابق- ص38.

(5) د. منصور عمر المعايطة – مصدر سابق- ص49.

وتكون البقع المنوية الحديثة لزجة وذات رائحة نفاذه إما المنوية الجافة فأنها تسبب في القماش الملوث بها قواما نشويا ولونا مصفرا [1].

وللمني أهمية بالغه في التحقيق ففي الإسلام تعلقت امرأة في المدينة بشاب من الأنصار وكانت تحاول بشتى الطرق إغراء ذلك الشاب الذي كان إيمانه بالله عز وجل قوي ورفضه متكرر لمطلب تلك المرأة، فقامت هذه المرأة بالاحتيال وأخذت بيضة دجاجة وسكبت الزلال على ثوبها وفخذيها، وجاءت إلى أمير المؤمنين عمر بن الخطاب رضي الله عنه تصرخ وتدعي بأن الشاب قد اعتدى عليها وجاء الشاب يصيح ويطلب التثبيت وهم عمر بعقوبته وقال يا أبا الحسن (علي بن أبي طالب) رضي الله عنه ما ترى في أمرها، فنظر إلى ما على الثوب فطلب ماء ساخنا وسكبه على الثوب الملطخ بزلال البيض فتجمد فزجر أمير المؤمنين المرأة فاعترفت بكذبها وباطل ادعائها [2].

وأن أهمية فحص وتحليل البقع المنوية يساعد في إثبات وقوع الجرائم الجنسية عن طريق وجود السائل المنوي بالمجني عليها أو المجني عليه أو بملابسهما وكذلك التعرف على شخصية المتهم من خلال تحديد فصيلة الدم وبصمة الحامض النووي للسائل المنوي الذي يتم رفعه من مسرح الجريمة ومن الملابس أو الفراش أو الفرج أو الدبر ومقارنتها مع المشتبه فيه وهي نتائج جازمة ولا تقبل الشك [3].

[1] د. هشام عبدالحميد فرج- مصدر سابق- ص159.

[2] ابن القيم الجوزية – الطرق الحكمية في السياسة الشرعية- دار الكتب العلمية – بيروت – لبنان -(د. ت) ص70.

[3] د. هشام عبدالحميد فرج- مصدر سابق – ص161.

الفرع الثامن – بصمة الحامض النووي – D. N. A:

الـ ((D. N. A)) هي الحروف الأولية لمصطلح (Doxy Ribonucleie Aeid) وأول ما عرف الخبراء الـ ((D. N. A)) كان اعتقادهم أنه لا تختلف في تقسيماتها في الخلايا البايلوجيه من شخص لآخر، فهي على السواء واحده لا اختلاف فيها. ولكن سرعان ما ثبت بالتجارب العلمية أن لكل شخص رسما معيناً لهذا الـ ((D. N. A)) داخل النواة وسرعان ما قدم الطب الشرعي في العصر الحديث عدة نتائج بالغة الأهمية في التعرف على الجاني عن طريق استخدام تلك الوسيلة ولعل مصدر ذلك أن الـ ((D. N. A)) في الخلية يشمل جميع ((الكروموسومات)) بداخل نواة الخلية وتشكل تلك الكروموسومات نظاما وهذا النظام أو الترتيب لهذه الجينات هو الذي يحدد خصائص كل فرد باعتبار أنها تختلف من شخص لآخر[1].

والحروف الثلاثة ترمز إلى الحامض الخلوي وهذا الحامض موجود في نواة الخلية وهي مادة عضوية توجد في كروموسومات الخلية ((حاملة الوراثة)). وسبحان الله جلة قدرته أن يكون تكوين أو ترتيب تلك الكروموسومات وهي جينات حاملة الوراثة في داخل نواة الخلية أن تشكل ترتيبا معيناً للجينات وهي تختلف من شخص لآخر[2].

والحامض النووي هو الحامض الرايبوزي منقوص الأوكسجين ويرمز له بالحروف ((D. N. A)) وقد سمي بالحامض النووي نظرا لوجوده وتمركزه دائما في انويه خلايا جميع الكائنات الحية، بدءا من البكتريا والفطريات والنباتات والحيوانات وانتهاء بالإنسان ما عدى كريات الدم الحمراء في الإنسان حيث ليس لها نواه[3].

---

[1] د. قدري عبدالفتاح الشهاوي – مسرح الجريمة والحدث الإجرامي وكشف المجهول – مصدر سابق- ص55.

[2] د. سعد أحمد محمود سلامة – مصدر سابق – ص243.

[3] د. كاظم المقدادي- مصدر سابق- ص56.

والحامض النووي يتكون من أربع قواعد أمينيه نيتروجينيه هـي ((أدنـين و جـوانين و ميتوزين وثايمين)) ترتبط كل اثنتين مع بعضها الـبعض حيـث يـرتبط الأدنـين دومـاً بالثـايمين والجوانين مع الميتوزين، ثم يتصل كل واحد مـن هـذه القواعـد بأحـد السـكريات الخماسـية الناقصة الأوكسجين ويتصل هذا السكر الخماسي بمركب فسفوري، وتوجد روابط هيدروجينية تربط القواعد النيتروجينية ببعضها. وقد وجد أن تسلسل القواعد النيتروجينيـة عـلى درجـات السلالم ((النيوكلوتيدات)) مع بعضها على جُزيء الحامض النووي يختلـف مـن شـخص لآخـر واحتمال تطابقهما أو تشابههما بـين شخصـين غـير وارد إلا في حـالات التـوائم المتماثـل والتـي أصلها بويضة واحده [1].

وتعد تقنية الـ ((D. N. A)) من أهم الوسائل العلمية الشائعة في العصر الحديث من حيث استخدامها لإغراض الإثبات في القضايا الجنائية وبفضـل التطـور الكبـير الـذي حصـل في تقنية الجينات بشكل عام وتقنية الـ ((D. N. A)) بشكل خاص، أصـبحت هـذه الطريقـة في أحوال كثيرة حاسمة جدا سواء في تحديد العلاقة بين الجاني أو المشتبه به والجريمة المرتكبة أم نفي هذه العلاقة، وخاصة فيما لو كان هناك أشخاص عده مشـتبه فـيهم وتـوافر في القضـية مواد إثبات معينة كالدم والمني واللعاب والألياف وغير ذلك من المواد الحيوية التي تترك مـن قبل الجناة في مسرح الجريمة. إذ يمكن عن طريق فحص أو تحليل الــ ((D. N. A)) الموجـود أو المكون لتلك المواد أو الآثار إثبات عائديه هذه المواد إلى شخص أو أشخاص معينين مشـتبه بهم في الجريمة وعلية فأن مهـمة هذه الوسيلة تتمثل بالدرجة الأساس في التعرف أو التحقـق من شخصية الجاني [2].

---

[1] د. منصور عمر المعايطة – مصدر سابق- ص80.

[2] د. رضا عبدالحليم عبدالمجيد. الحماية القانونيـة لجـين البشرـ- الاستنسـاخ وتداعياتـه – دار النهضـة العربيـة - القاهرة – 1998 – ص134.

ومن مميزات بصمة الحامض النووي ما يلي[1]:

أولا- يمكن عمل هذه البصمة من أي مخلفات بشرية سائله مثل الدم واللعاب والمني أو انسجه مثل الجلد والعظم والشعر.

ثانيا- أن الحامض النووي يقاوم عوامل التحلل والتعفن لفترات طويلة تصل إلى عدة شهور.

ثالثا- أصبح الآن معترفا بالبصمة الوراثية كدليل نفي وإثبات في اغلب المحاكم بأوربا وأمريكيا.

رابعا- تظهر بصمة الحامض النووي على هيئة خطوط عريضة يسهل قراءتها وحفظها وتخزينها في الكمبيوتر لحين الطلب للمقارنة بعكس بصمات الأصابع والتي لا يمكن حفظها في الكمبيوتر.

كما تبرز أهمية بصمة الحامض النووي في التحقيق الجنائي بما يلي[2]:

1- إثبات البنوة والأبوة:

يمكن في حالات النزاع على البنوة التي تنشأ بين الإباء والأمهات استخدام بصمة الحامض النووي ((البصمة الوراثية)) لإثبات بنوة الطفل المتنازع عليه بما لا يدع مجالاً للشك لأحد الإطراف أو كليهما أو لأي احد آخر سواهما.

2- الاستعراف على الجثث مجهولة الهوية:

في حالة الكوارث الطبيعية والحوادث التي يتخلف عنها الكثير من جثث الضحايا، والتي تحول فيها التشوهات والإصابات الشديدة والتغيرات الرمية بجثث الضحايا دون عمليات الاستعراف عليها، حيث يمكن في هذه الحالات مقارنة عينات أي آثار للمخلفات البايلوجيه التي يتم رفعها من جثث الضحايا بعينات البصمات

---

(1) د. منصور عمر المعايطة – مصدر سابق- ص80.

(2) د – سعد أحمد محمود سلامة – مصدر سابق- ص246.

الوراثية لأقرباء الضحايا من الدرجة الأولى لتحديد هوية كل شخص بما يترتب على ذلك مـن ضمانات للحقوق.

3- التعرف على المجرمين في كثير من جرائم القتل والاغتصاب وغيرها:

من خلال الآثار المادية الموجودة على جسم وملابس كل من الجاني والمجني عليه مثل آثار الدم والشعر والمني وغيرها يمكن عمل بصمة الحامض النووي من هذه الآثار ومطابقتها مع بصمة الحامض النووي للمتهم [1].

4- تحديد الجنس:

عن طريق فحص الكروموسومات الجنسية الموجودة في نواة الخليـة يمكن تحديـد مـا إذا كانت العينة المفحوصة عائدة لذكر أم لأنثى [2].

الفرع التاسع – اللعاب:

اللعاب هو احد إفرازات الجسم الطبيعية ويتميز باحتوائه على نسبة عاليه من المـواد المفرزة التي يمكن من خلالها تحديد فصيلة الدم وبصمة الحـامض النـووي وذلـك مـن كميـة قليله جدا من اللعاب في حدود ما تحتويه إعقاب السجائر [3].

واللعاب سائل يفرز من الغدد اللعابية الموجودة في الفم ويحتوي هـذا السـائل عـلى إنزيمات تساعد في عملية الهضم وله أهمية في التحقيق الجنائي أيضا [4].

وفحص اللعاب وآثاره له أهمية بالغة في التحقيق فقطعة من القمـاش يشـتبه في أنهـا استعملت ككمامة أو لسد منافذ الهواء الخارجية في حال اختنـاق قـد توجـد فيهـا بقـع مـن اللعاب يكون للكشف عنها أهمية، كذلك قد يؤدي تحديد فصيلة الدم لشخص

---

[1] د. منصور عمر المعايطة – مصدر سابق- ص81.
[2] د. ثلاب بن منصور البقمي – مصدر سابق – ص294.
[3] د. هشام عبدالحميد فرج – مصدر سابق- ص162.
[4] د. منصور عمر المعايطة – مصدر سابق- ص55.

معين على معرفة صاحب آثار اللعاب وقد يكون اللعاب نفسه في مسرح الجريمة على شكل بصاق، وتحديد فصيلة الدم قد يؤدي إلى التعرف على المجرم، ويمكن التعرف على اللعاب أيضا إذا كان على شكل بقع جافة باستعمال الطرق الميكروسكوبية [1]، والأماكن المتوقع وجود التلوثات اللعابية عليها ما يلي:

أولا- بقايا الطعام في مسرح الجريمة وخاصة في ثمرات الفاكهة مثل التفاح.

ثانيا- إعقاب السجائر في مسرح الجريمة.

ثالثا- الأكواب الزجاجية في مسرح الجريمة.

رابعا- العضة الآدمية بجسم المجني عليها والمجني عليه أو الجاني وخاصة في قضايا الاعتداءات الجنسية.

خامسا- البصاق في مسرح الجريمة.

سادسا- طوابع البريد ومظاريف الرسائل حيث يستخدم اللعاب في لصق الظرف وطابع البريد كما في قضايا التهديد والاختطاف.

الفرع العاشر - الشَعَر:

يعتبر الشعر من الآثار التي تتخلف عن الحوادث المتسمة بالعنف والاحتكاك مثل جرائم القتل المصحوبة بالجرائم الجنسية وذلك لسهولة تعلقها بالأسطح الخشنة وسهولة انتزاعها أو سقوطها وقد يوجد هذا الأثر على المجني علية أو الجاني أو بالعكس كنتيجة للمقاومة ويمكن تمييز الشعر بكونه ناعم أو مجعد أو مموج ويساعد الشعر على تحديد المكان الذي سقط منه فمثلا الطرف المدبب الغير معرض للقص يكون من الحواجب والرموش أما طرف شعر العانة فيأخذ شكلا منتظم نظرا لتعرضه للاحتكاك بالملابس ويمكن معرفة إذا كان الشعر لرجل أو لأمراه من خلال التعرف على طوله وسمكه بالاضافه إلى صلابته كما أن الشيب وضمور بصيلة الشعر يدل على كبر السن بالاضافه إلى استخدام الصبغ الذي يغير من لونه.

---

[1] د – قدري عبدالفتاح الشهاوي، الاستدلال الجنائي والتقنيات الفنية، مصدر سابق، ص135.

والشعر من الآثار التي تتخلف في جرائم العنف مثل الاغتصاب فنجد الشعر تحت أظافر الجاني أو عالقا بملابسة أو على جسمه في مواقع تتفق مع طبيعة الجريمة أو يكون الشعر عالقا بالآلة المستخدمة في ارتكاب الجريمة [1].

والشعر الآدمي مادة قرنية اسطوانية الشكل تتميز بوجود ثلاث طبقات لها هي [2]:

أولا - الطبقة الخارجية ((البشرة)): وهي الطبقة الخارجية من الشعر وتتألف من طبقة أو أكثر من الخلايا الشفافة وتحتوي على مادة الكيراتين وهي مادة صلبة تقاوم العوامل الجوية والتعفن والتحلل.

ثانيا- الطبقة المتوسطة ((القشرة)): وهي ليفية تتكون من ألياف طويلة الشكل وهي اسمك الطبقات الثلاثة وتحتوي على مادة لون الشعر.

ثالثا- الطبقة الداخلية ((النخاع)): وهي طبقة ضيقة جدا تكون على شكل خط متصل أو متقطع.

ويتميز الشعر الآدمي بسمك الطبقة الليفية وضيق النخاع والطبقة الليفية تكون في شعر الإنسان واضحة ومخططه بالعرض ويتخللها في الغالب مادة ملونة [3].

وأن الشعر المصبوغ يفقد لمعته غالبا ويكون غير متفق اللون في كافة أجزاء طوله، فقد يكون غامقا في طرفة وباهتا في قاعدته بالأخص بعد وقت طويل على صبغ الشعر ويكون جافا وسهل الكسر [4].

ونذكر في ما يلي أهم المعلومات التي يقدمها المختبر الجنائي من خلال فحص الشعر [5]:

---

[1] د. سعد أحمد محمود سلامة- مصدر سابق – ص206.

[2] د. منصور عمر المعايطة- مصدر سابق- ص63.

[3] د. معجب معدي الحويقل- مصدر سابق- ص36.

[4] د. كاظم المقدادي – مصدر سابق ص49.

[5] د. هشام عبدالحميد فرج- مصدر سابق- ص165.

1- تحديد ما إذا كان الشعر يخص إنسان أم حيوان.
2- تحديد ما إذا كان الشعر معالج أم لا ((إصباغ كيميائية أو مزيلات)).
3- تحديد سبب سقوط الشعر، هل هي منزوعة أم مقصوصة بآله حادة أم سقوط طبيعي، وهذا يساعد في الأجابه على تساؤلات عديدة تدور في ذهن المحقق.
4- تحديد نوع الشخص ذكر أم أنثى.
5- تحديد الفصائل البايلوجية والجينية للشعر وإمكانية نسبتها إلى شخص معين بواسطة الحامض النووي ((D. N. A)) على سبيل التفرد كما هو في حالات الدم[1].
6- في حدود ضيقة يمكن تحديد مكان الشعر من الجسم ((شعر رأس أم عانه)) وذلك من خلال الإفرازات المصاحبة للشعر.

الفرع الحادي عشر – آثار الأسنان:

في يونيو1981 عقدت المنظمة الدولية للشرطة الجنائية بمقرها في باريس الندوة الدراسية الثانية الخاصة بطرق تحقيق الشخصية وكشف الآثار وقد أقرت أهمية آثار الأسنان ونادوا بضرورة الاستفادة منها في التعرف على الأشخاص وبناء على قرار تلك الندوة تم تنشيط أجهزة البحث الجنائي في مجال آثار الأسنان وتطوير طرق فحصها ومقارنتها[2].

وآثار الأسنان إما أن تكون في صورة علامات تحدث على جلد ضحايا الاغتصاب أو الاعتداءات الجنسية أو القتل أو على الجاني أو في صورة علامات في الأطعمة كالزبد والفاكهة والحلوى والشكولاته أو الجبن...الخ. وثمة قضايا ظهر فيها أن المجرم تشابك بالأيدي مع شخص آخر فكسرت أحد أضراسه وطقم أسنانه،

---

[1] بدر خالد خليفة- توظيف العلوم لخدمة العدالة الجنائية – الطبعة الأولى – 1996- ص34.
[2] د. منصور عمر المعايطة- مصدر سابق -ص 59.

وغالبا ما تشير علامات العض إلى مرتكب الحادثة طالما كانت تلك العلامات مميزة لدرجة يمكن معها التعرف عليه، فالبروز الظاهر على الأسنان أو الثلميات الموجودة على الأسنان الأمامية أو الخلفية تختلف من شخص لآخر ويظهر هذا الاختلاف بوضوح في آثار العض، كما أن التشوهات التي تصيب الأسنان وتظهر في شكل أجزاء مكسورة أو مخلوعة تظهر أيضا في العضة، ويتم حفظ آثار الأسنان بتصويرها وعمل قوالب لها[1].

وان جسم الإنسان قد يحتفظ بآثار الأسنان في حالات العضة الكاملة فإذا قطعت العضة الأنسجة فلا تحتفظ الأنسجة المقطوعة بشكل الأسنان نظرا لآن النسيج البشري رخو إما إذا لم تصل قوة العضة إلى قطع النسيج فيبقى على الجلد شكل الأسنان ودوران الفك وتصلح لرفعها ومقارنتها.

ويمكن الاستفادة من آثار السنان في التحقيق الجنائي كالأتي:

أولا- دراسة ما بفم القتيل من تركيبات صناعية تعويضية، وعرضها على أطباء الأسنان العاملين في منطقة الضحية للتعرف على هوية المجني علية [2].

ثانيا- آثار الأسنان التي يتركها الجاني في مسرح الجريمة على قطعة الجبن أو الشكولاتة أو التفاحة يمكن عمل قالب لها ومقارنتها بأسنان المشتبه فيهم وتتم المقارنة من حيث دوران الفك وحجم الأسنان والفجوات التي بين الأسنان أو علامات مميزة من اعوجاج وغيرة[3].

---

(1) د. قدري عبدالفتاح الشهاوي - الاستدلال الجنائي والتقنيات الفنية – مصدر سابق – ص98.

(2) د. كاظم المقدادي – مصدر سابق – ص50.

(3) جلال الجابري – الطب الشرعي القضائي- دار الثقافة للنشر والتوزيع – عمان – 2000 – ص50.

كما نذكر فيما يلي الأهمية الفنية الجنائية لفحص الأسنان وآثارها [1]:

أولا- التعرف على المجرمين في العديد من الجرائم، مثـل جـرائم الاغتصاب واللواطـة والقتل والسرقة وذلك عن طريق فحص آثار الأسنان التي يتركها الجـاني علـى المجني علية أو المجني عليها في صورة عضه أو في مسرـح الحـادث علـى بقايـا المأكولات والفواكه أو التي يتركها المجني عليه أو المجني عليها على الجاني إثناء المقاومة ومقارنتها بقالب أسنان المتهم المشتبه فيه أو المجني عليهم.

ثانيا- التعرف على الجثث مجهولة الهوية في كثير من حوادث القتل الجنائي التي يقوم فيها الجاني بتشويه الجثة أو التمثيل بها وتقطيعها إلى أشـلاء أو القيـام بحرقهـا لإخفاء معالم الجريمة أو العثور على الجثة في حال تعفن وتحلل.

وعن طريق فحص الأسنان يمكن التعرف عـلى صـاحب الجثـة مـن خـلال المعلومـات التالية:

1- تقدير عمر الجثة عن طريق ظهور الأسنان اللبنية والأسنان الدائميـة ومـدى تآكـل الأسنان وجذورها.

2- تحديد فصيلة الدم والحامض النووي للجثة من خلايا النخاع والرجـوع إلى مـن لـه مفقود للتعرف عـلى صـاحب الجثة، ويعتبر استخدام الأسنان والعظام عامـة كمصدر للحامض النووي أمر حديث حيث يمكن استخراجه مـن عينـات يرجـع عمرها إلى آلاف السنين.

3- تحديد بعض التشوهات والمعلومات الوراثية لأسنان الجثة.

---

[1] د. كاظم المقدادي- مصدر سابق – ص50و51.

4- معرفة بعض العلامات المطبوعة على طاقم الأسنان والتركيبات السنية ((من أسنان)) والحشوات التي تثبت على الأسنان وتعتبر مميزة للشخص عن غيرة.

الفرع الثاني عشر – آثار الأظافر:

من المعروف أن هناك بعض الجرائم تستعمل فيها الأظافر للدفاع أو الهجوم عند اشتباك الجاني والمجني علية واشتداد الصراع بينهما ولا سيما إذا كان أحدهما أو كلاهما اعزلا من السلاح، وتظهر آثار الأظافر بشكل تسلخات خطية أو قوسيه في الجرائم التي تستعمل فيها الأظافر كجرائم القتل وكتم النفس والاغتصاب والزنا وغير ذلك من الجرائم التي يقع فيها صراع بين المجرم والمجني عليه. وتوجد هذه الآثار في أجزاء جسم الجاني والمجني عليه العارية من الملابس، بحسب الحالة التي كان فيها إثناء الصراع وتظهر غالبا على الوجه والعنق والصدر والذراع والأقسام العارية الأخرى من الجسم[1]. وللأظافر أهمية كبيرة في التحقيق حيث يقوم الخبير بالكشف عليها وغالبا ما يلاحظ نتيجة للمقاومة وجود آثار دماء أو طبقات من جلد أو لحم الجاني ملتصقة بأظافر المجني علية يمكن مقارنتها مختبريا بالآثار الموجودة على جسم الجاني والتعرف على الجاني من خلالها[2]. وسوف نذكر في ما يلي أهمية آثار الأظافر من الناحية الجنائية[3]:

أولا- التعرف على المجرمين في بعض الجرائم كالقتل والاغتصاب وجرائم المخدرات والتسمم وإتلاف المزروعات وغيرها حيث يتم تقليم أظافر المتهمين والمجني عليهم وفحصها وما تحتها من آثار الدم أو الشعر أو

---

[1] عبد اللطيف أحمد – مصدر سابق- ص130.
[2] جلال الجابري – مصدر سابق – ص68.
[3] د. منصور عمر المعايطة – مصدر سابق – ص69.

الجلد أو المواد السامة، وعن طريق هذه الآثار يمكن الربط بين المتهم والجريمة.

ثانيا- معرفة نوع الجريمة المرتكبة من خلال تحديد مكان وجود الأثر على جسم المجني عليه أوعليها، ومن خلال شكل الأثر الموجود فمثلا وجود آثار الأظافر حول الفم والأنف على شكل سحجات هلالية يعني جريمة كتم نفس، ووجود آثار الأظافر حول الأعضاء التناسلية للأنثى يعني جريمة اغتصاب، ووجود آثار الأظافر حول العنق على شكل سحجات هلالية يعني جريمة خنق.

المطلب الثاني

الآثـــــار الأخـــرى

توجد في مسرح الجريمة آثار مصدرها أداة ارتكاب الجريمة وكذلك توجد آثار في مسرح الجريمة مصدرها وسائط النقل وسوف نتكلم فيما يلي عن هذه الآثار.

الفرع الأول - الأسلحة النارية:

السلاح الناري هو كل آله معده لرمي المقذوفات كالبنادق والرشاشات وغيرها، وقد أصبحت الأسلحة النارية الحديثة أداة فعالة من أدوات الإجرام الحديث في الوقت الحاضر، والمقصود بالمقذوفات هي العتاد وما يتخلف منها بعد الانطلاق كالرصاص والظروف الفارغة والبارود وغيرها، وتقدمت صناعة البنادق تقدما كبيرا فأمتاز بعضها بخاصية الإملاء الذاتي والرؤية من خلال منظار مقرب ووجود كاتم للصوت عليها، والفرق الأساسي بين أنواع البنادق هو السدود والخدود الموجودة داخل السبطانه، وفائدة السبطانه هي زيادة مدى المقذوف وتزيده قوه وتترسب فيها المواد الناتجة عن الانطلاقات لكي لا تسدد السبطانه بمرور الزمن

146

لكثر استعمالها. وأن استخدام الأسلحة النارية في الجرائم يمثل مجالا هاما في التحقيق الجنائي وأن فحوصات الأسلحة النارية وآثارها ذات حضور هام في جرائم القتل والانتحار والسطو المسلح وغيرها [1].

ويمكن بواسطة الدراسة لحالات استخدام السلاح الناري وآثاره الإجابة على كثير من الأسئلة والاستفسارات المتعلقة باستخدام الأسلحة النارية مثل ما نوع السلاح المستعمل في الإطلاق ؟ وهل السلاح الناري المضبوط صالح للاستعمال.

وتعتبر أبحاث الكشف عن هوية السلاح المستعمل في الجريمة بواسطة الانطباعات التي يتركها على كل من المقذوف الناري والظرف الفارغ مهمة جدا إذ عن طريقها يمكن تحديد ذاتية السلاح الناري المستعمل في الجريمة لآن لكل سلاح عند تصنيعه مميزات خاصة تظهر آثارها الدقيقة على المقذوف الناري والظرف الفارغ والتي يمكن للخبير عن طريق مقارنتها تحديد ذاتية السلاح.

وكثيرا ما ترتكب الجريمة ويخفى السلاح فلا يجد المحقق سوى المقذوف الناري المستقر في جسم الضحية أو الظرف الفارغ الموجود في مسرح الجريمة وكل منها يقود إلى معرفة نوع السلاح المستخدم ومن ثم تحديد ذاتيته من بين مجموعة الأسلحة التي تشترك معه في الصنع والعيار من واقع المميزات الخاصة بالسلاح ذاته.

والآثار التي ينشدها المحقق الجنائي من الأسلحة النارية إما أن تكون انطباعات على السلاح نفسه كالبصمات أو آثار تخلفت عن السلاح بعد استعماله وهذه الآثار يهتم بها المحقق الجنائي ويجدها في مخلفات السلاح الناري وسوف نتناولها فيما يلي[2]:

---

[1] د. عبدالستار الجميلي – التحقيق الجنائي قانون وفن- مصدر سابق- ص366.

[2] د. معجب معدي الحويقل – مصدر سابق – ص58 وما بعدها.

أولا- المقذوف الناري:

المقذوف الناري هو جسم مخروطي الشكل ذو رأس مدبب ثابت في مقدمة الطلقـة والطلقات أنواع بحسب الغرض المراد منها:

1- طلقات اعتيادية تتكون من النحـاس أو النيكـل وتستخدم ضـد الأشخاص وبعض الأهداف.

2- طلقات حارقة تستخدم لحرق الأهداف القابلة للاشتعال.

3- طلقات خارقة تستخدم لاختراق الدروع.

ومن المعلوم أن سبطانة السـلاح النـاري وخاصـة المسدسـات والرشاشـات ((الأسلحة الحلزونية)) التي تستعمل كثيـرا في تنفيـذ الجرائـم ذات سـدود وخـدود وعنـد أطلاق النـار ومرور المقذوف عبر تلك السدود والخدود داخل السبطانه يحمل المقذوف انطباعات السطح الداخلي للسبطانه وتظهر علـى شـكل نتـوءات وأخاديـد علـى المقذوف وللأسـلحة مميزات تختلف من سلاح لآخر تبعا لاستعماله تظهر على المقذوف الناري.

ثانيا- الظرف الفارغ:

الظرف الفارغ هو الغلاف الخارجي للطلقة يصنع عادة من النحـاس والعثـور عليـه في مسرح الجريمـة لـه أهميـة كبيره في عمليـة البحـث وتحديد ذاتيـة السـلاح المسـتخدم في الجريمـة وتتكون على الظرف الفارغ بعد عملية الإطلاق آثار مهمة منها:

1- أثر الإبرة على الكبسولة:

تبدأ عمليـة إطلاق النـار بالضغط علـى الزنـاد فتنـدفع الأجـزاء المتحركـة في السـلاح إلى الإمام وتصطدم الإبرة بالكبسولة ذات المعدن الطري ويحصل الانفجار ويظهـر شـكل الإبـرة واضحا على الكبسولة ويعد أثر الإبرة من الآثار الهامة على

الظرف الفارغ والتي تساعد على تحديد مميزات السلاح، حيث لا يتطابق أثر إبرة سلاح مع غيره.

2- القذاف:

يختلف موقع القذاف من سلاح إلى آخر فقد يكون في يسار مجرى الترباس أو الوسط أو الجهة اليسرى السفلى، ويكون أثر القذاف في الأسلحة الاتوماتيكية أكثر وضوحا من الأسلحة العادية ويوجد أثر القذاف على الظرف الفارغ في قاعدته ويأخذ شكل القذاف ويكون موقعة ثابتا بالنسبة لمكان أثر الإبرة في كل نوع من أنواع السلاح. ويحصل أثر القذاف على الظرف الفارغ عندما تعود الأجزاء المتحركة إلى الخلف بعد عملية الإطلاق وبقوة دفع الغاز إلى الخلف فتصطدم قاعدة الظرف بـبروز القذاف بشده مما يـؤدي إلى حدوث أثر على قاعدة الظرف ويقارن الخبير المميزات الدقيقة في أثر القذاف على الظرفين خاصة في حالة تكبير الآثار مما يظهر المميزات بوضوح في عملية المقارنة.

3- اللقاف:

أللقاف هو جزء معدني في مقدمة وجه الترباس يقوم بمسك الظرف الفارغ مـن الجـزء الكائن في مؤخرة الطلقة يساعد على سحب الظرف بعد عملية إطلاق النار في الأسلحة الأتوماتيكيه والعادية ويكون له أثر ثنية الجزء في مؤخرة الطلقة.

الفرع الثاني – آثار الآلات:

ترتكب الكثير من الجرائم بواسطة استخدام بعض الآلات المختلفة مثل المطرقة والمنشار والمفك والفأس وهذه الآلات تستخدم غالبا في تسهيل ارتكاب الجريمة وأن استعمال أية آله في ارتكاب جريمة فإنها تترك علاماتها وبما توجد بها من مميزات وآثار على سطح اقل صلابة منها، فتؤثر فيه نتيجة ضغط تلك الآلات عليه محتفظا بشكل الآلة ومبينا حجم ومميزات جزء الآلة التي أحدثتها.

وآثار الآلات هي عبارة عن الخطوط الدقيقة والثنايا العديدة التي تحدثها الآلة على سطح الجسم وتوجد هذه الآثار في شكلين [1]:

أولا- أثر ضغط الآلة: وهو الأثر الذي تتركه الآلة في حال الضغط على سطح جسم آخر.

ثانيا- أثر نتيجة انزلاقها واحتكاكها إثناء تحركها على سطح المواد.

وسوف نذكر فيما يلي الأهمية الفنية لآثار الآلات في المجال الجنائي وكما يلي:

1- دراسة الأثر على طبيعة الآلة المستخدمة وتحديد نوعها وإمكانية التعرف عليها.

2- تساعد في تقدير خبرة المستخدم للآلة، ومعرفة إذا كان شخصا متمرسا في استخدام هذه الآلة أم لا.

الفرع الثالث – آثار وسائط النقل:

يستعمل المجرمون في كثير من الأحيان وسائط النقل المختلفة مثل السيارات والدراجات النارية والهوائية في انتقالهم إلى محل ارتكاب الجريمة أو العودة منه، وأن واسطة النقل قد تترك أثرا لعجلاتها إذا كانت حالة الأرض رخوة كالأراضي التي تكسوها طبقه من الوحل والأراضي الترابية والرملية. إما الأراضي الصلبة كالأراضي المبلطة فيتعذر ظهور الأثر الغائر عليها ألا إنه قد يظهر أثر العجلات عليه مطبوعا إذا كان إطار العجلة ملوثا بمادة طارئة كالوحل وغيره. وسوف نذكر فيما يلي فوائد أثر واسطة النقل [2]:

---

[1] د. منصور عمر المعايطة - مصدر سابق- ص111.
[2] د. سلطان الشاوي- أصول التحقيق الإجرامي- مصدر سابق- ص213.

أولاً- معرفة نوع واسطة النقل:

يمكن عن طريق الأثر معرفة واسطة النقل ((سيارة أم دراجة)) وذلك من خلال شكل أثر الاطار.

ثانيا - اتجاه سير واسطة النقل:

من الأمور التي تهم المحقق هي معرفة الجهة التي جاء منها الجناة والتي عادوا إليها، ويمكن تحديد اتجاه واسطة النقل بملاحظة أجزاء الأرض المحاذية لآثار العجلات وخاصة إذا كان بالطريق وحل أم تراب حيث تندفع أكوام التراب وأجزاء الوحل إلى الإمام في ناحية اتجاه سير السياره.

ثالثا - عرض وثقل واسطة النقل:

يمكن معرفة عرض وثقل واسطة النقل من المسافة بين أثر العجلات ومقدار ضغطها على الأرض. رابعا - مكان وقوف واسطة النقل:

من الصعوبة معرفة مكان وقوف واسطة النقل بصوره مضبوطة من آثار العجلات وخاصة إذا واصلة المركبة اتجاهها، ويسهل الاستدلال على مكان وقوفها من خلال كميات الزيت التي تتساقط من المحرك أو من عيدان الكبريت أو إعقاب السكائر أو آثار الأقدام التي يرى من ظروف الأحوال أنها للأشخاص المستقلين لواسطة النقل.

المبحث الثالث

البحث عن الآثار وطرق جمعها

من المعروف إنه لن يستفاد من الأدلة المادية ما لم يتم الحصول عليها، ولن يتم الحصول عليها ما لم يتم تحديد مواقعها، وهذا يقودنا إلى أهمية تحديد مواقع الأدلة المادية في مسرح الجريمة، وقد سبق أن اشرنا إلى أن الأدلة المادية نوعان أدلة مادية ظاهرة يمكن رؤيتها بالعين المجردة وأدلة مادية غير ظاهرة لا يمكن رؤيتها بالعين المجردة، وكلا النوعين يتطلب إتباع طرق بحث دقيقة تتضمن تحديد موقعها وذلك لغرض جمعها وأن كان النوع الأول اقل صعوبة من النوع الثاني.

وسوف نتناول دراسة الموضوع من خلال مطلبين الأول سوف نتكلم فيه عن طرق البحث عن الآثار والثاني سوف نتكلم فيه عن طرق جمع الآثار.

المطلب الأول

طرق البحث عن الآثار

إن عملية البحث عن الأدلة وتحديدها تقع على عاتق المحقق وله أن يستعين بمن يشاء من خبراء الأدلة الجنائية، كما أن كلاً من الخبير والمحقق يحتاج إلى درجة عالية من الخبرة والتدريب حول التعامل مع الأدلة المادية مع الأخذ بالاعتبار أن عملية تحديد الأدلة في قضية ما لم تتحقق عن طريق البحث العشوائي الذي لا يخلو من ترك ونسيان وعدم ملاحظة بعض الأدلة وإنما يتحقق عن طريق إتباع أحدى الطرق المتعارف عليها والتي تتضمن تغطية جميع محتويات مسرح الجريمة بكل دقة وإتقان[1]. ونورد فيما يلي أهم تلك الطرق:

---

[1] د. ثلاب بن منصور البقمي – مصدر سابق- ص299.

152

الفرع الأول - الطريقة الشريطية:

يتم تحديد المنطقة بهذه الطريقة على شكل مستطيل ثم يتقدم ثلاثة أشخاص على نظام النسق وبنفس الخطوات باتجاه متوازن لأحد إضلاع المستطيل. وإذا ما عثر احدهم على أثر عليه أن يعلن ذلك لجماعته ليتوقفوا في محلهم ولا يستأنفوا السير إلا بعد اتخاذ ما يجب اتخاذه بصدد ذلك الأثر، كما قد يستدعي المصور في هذه الحالة أن دعت الضرورة لذلك وبعد أن يتم جمع الأدلة والآثار ورزمها يواصل الثلاثة مسيرة التفتيش ثانية من مواقعهم التي توقفوا عندها عند إعطاء الإشارة. وعند وصولهم نهاية المستطيل المقابل جميعا، فأنهم يدورون إلى الوراء ليتقدموا على خط جديد [1].

إما إذا توفر عدد كبير من القائمين بالتفتيش فيمكن عند إذ تعديل أسلوب القيام بهذه الطريقة ليكون مسار التفتيش مزدوجا وذلك بقيام زمرتين بذلك أحداهما تفتش بمحاذاة أو موازاة القاعدة والأخرى تفتش بمحاذاة أو موازاة احد الأضلاع ويكون اتجاه سير كل زمره على خطوط متوازية كالأسلوب السابق الشريطي حيث تتقاطع هنا عموديا كل جماعة وتجتازها حتى النهاية.

الفرع الثاني - الطريقة الحلزونية:

وهنا يكون المفتشون الثلاثة بنظام الرتل، حيث يتبع كل منهم الآخر باتجاه حلزوني ابتدائا من خارج المنطقة متوغلين فيها نحو المركز على شكل مسار حلزوني. ويقوم المحققون بالبدء من موضع دخول الجاني إلى محل الحادث وخروجه منه ويلفون في محيط المحل وبعدها في داخله حتى يفرغون من كلية المحل. وغني عن القول الإشارة هنا إلى أن القائم بالتحقيق يثبت ما تقع عليه أنظاره من آثار جرميه أو أشياء أخرى تتعلق بالحادث ويشير إلى موقع العثور

---

[1] جارلس أي أوهار و غيريغوري أل أوهار- أسس التحقيق الجنائي- الجزء الأول – مصدر سابق – ص229.

عليها ويحرص على المحافظة على الآثار والتقاطها بالطرق الفنية التي تقتضيها طبيعة الآثار (1).

الفرع الثالث - الطريقة الدولابيه:

أما الأسلوب الدائري فان البحث عن الأدلة بموجبة يجري على تصوير مسرح الجريمة بما يشبه الدائرة تقريبا، فيجتمع المفتشون في مركزها ثم يتقدمون نحو المحيط على إنصاف أقطارها أي على سواعد الدولاب ويتولى كل من القائمين بالتفتيش أحدى هذه الخطوط ويقوم كل واحد منهم بدور الفحص والتفتيش والمعاينة وهكذا يتم تفتيش كل محل الحادث، ومن مساوئ هذه الطريقة ازدياد اتساع المنطقة الواجب ملاحظتها من قبل كل مفتش كلما ابتعد عن المركز متجها نحو المحيط.

الفرع الرابع - الطريقة التربيعية (التشبيكية):

وهي الطريقة التي يتم التفتيش بموجبها بتقسيم مسرح الجريمة إلى أربعة مربعات أساسية، وكل مربع يقسم بدوره إلى مربعات صغيره حسب مقتضيات وسع المكان وصغره ويقوم المحقق ومساعدوه بفحص وتفتيش كل مربع مبتدئين بمعاينة المربع المركزي وينتهون إلى اصغر مربع في داخله حتى يتم تفتيش ومعاينة كل مكان الحادث (2).

وتجدر الإشارة هنا إلى أن تلك الطرق تعتبر نماذج مهمة يجب تطبيقها للبحث عن الأدلة المادية ألا أنه يجب أن يرافقها مراعاة بعض النقاط المهمة من اجل التأكد من تحديد الأدلة المادية وضمان عدم إغفال أي منها، وسوف نذكر فيما يلي أهم تلك النقاط (3):

---

(1) د. عبدالستار الجميلي و محمد عزيز- مسرح الجريمة في التحقيق – مصدر سابق- ص. 14
(2) د. ثلاب بن منصور البقمي- مصدر سابق- ص231.
(3) المرجع نفسه – ص231.

أولا- يجب التذكر دائما بأن مجرد النظر لا يكفي للبحث عن الأدلة بل لا بُدَّ من النظر المصحوب بأهداف والمبني على خطط معينة.

ثانيا- من القواعد العامة في البحث عـن الأدلـة وجمعهـا عـدم إهمـال أي شيء مـن المحتمل أن يكون ذا فائدة.

ثالثا- من المفروض أن يقوم بعملية البحث عن الآثار شخصان في أن واحد على الأقل.

رابعا- توافر أدوات البحث عن الأدلة المادية لاستخدامها عند الحاجة ومنها وسـائل الإضاءة، وأدوات القطع والقص وأدوات الحفر والاختبارات الكيميائية المبدئية، مثل اختبارات الـدم من عدمه.

خامسا- ضرورة مواكبة تطور الأساليب العلمية الحديثة واستخدامها في البحث عـن الأدلة الماديـة ومـن أمثلتهـا أشـعة الليـزر والأشـعة فـوق البنفسـجية والأشـعة السـينية وكـاميرات الإضاءة ذات الألـوان المختلفـة التـي تقـوم بـدور مهـم في الكشف عن سوائل الجسم في مسرح الجريمة.

أشكال طرق البحث عن الآثار:

1– الطريقة الشريطية:

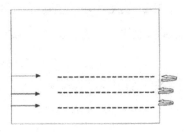

-١- الطريقة الشريطية

1– الطريقة الحلزونية:

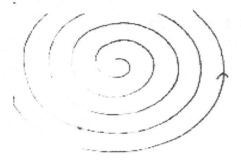

-٢- الطريقة الحلزونية

3- الطريقة الدولابية

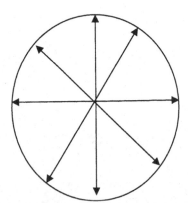

4- الطريقة التربيعية

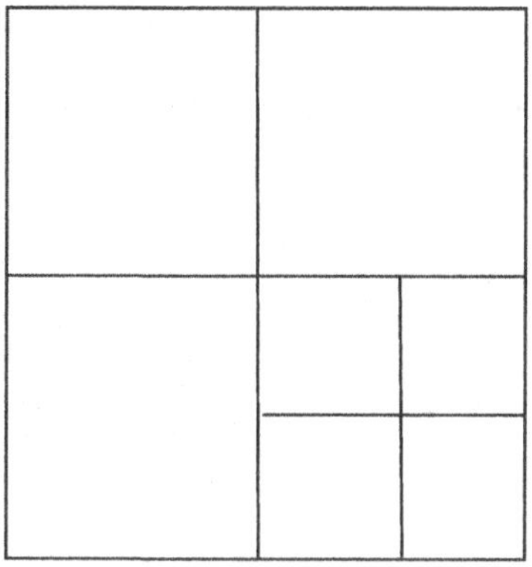

المطلب الثاني
طـرق جمـع الآثـار

إن إجراءات جمع الأدلة تعد هي التحقيق بمعناه الضيق حيث تهدف إلى البحث عـن الحقيقة بشأن ثبوت التهمه على المتهم من عدمه ومن إجراءات جمع الأدلـة نـدب الخبـراء والانتقال للمعاينة والتفتيش وضبط الأشياء المتعلقة بالجريمة والتصرف فيها وسـماع شـهادة الشهود واستجواب المتهم.

وإن الطريقة المثلى لجمع وتغليـف الآثار تمهيـدا لنقلها إلى المختبر الجنـائي تختلـف باختلاف نوع الأثر ومهما كان نوع الأثر فان الحصول عـلى كميـة كبـيرة مـن الأثر تزيـد عـن حاجة التحليل أفضل من عدم إمكانية إجراء التحليل بسبب قلة العينة المرسلة للمختبر الجنائي وذلك لتحديد ما إذا كانت هذه المادة تتـداخل مـع خطوات التحليـل مـن عدمـه[1]. وسوف نتناول في الفرعين الآتيين الطرق العامة لجمع الآثار، والطرق الخاصة لجمعها.

---

[1] د. هشام عبدالحميد فرج- مصدر سابق- ص149 وما بعدها.

157

الفرع الأول- الطرق العامة لجمع الآثار:

بصورة عامة هناك عدة طرق يمكن للمحقق أن يستخدمها لرفع الآثار لعل من أهمها ما يأتي:

أولاً- الالتقاط اليدوي:

تستخدم هذه الطريقة في جمع الآثار الكبيرة مثل الملابس والشعر والبقع الكبيرة وأجزاء الزجاج عن طريق الالتقاط يدويا وبملقاط صغير، وذلك قبل استخدام أي طريقة من طرق الجمع.

وتتميز طريقة الالتقاط اليدوي بسهولتها وعدم استهلاكها للوقت مثل الطرق الأخرى. ويعيب هذه الطريقة سهولة تلوث الأثر نتيجة تعرق اليدين ولكن يمكن التغلب على ذلك بارتداء قفازات أثناء الالتقاط اليدوي للأثر.

ثانياً- المسحة:

تستخدم المسحات الجافة في جمع الآثار الرطبة الصغيرة حيث أن الطبيعة الليفية لنهاية المسحة يمكنها بكفاءة جمع آثار معينة، وتستخدم المسحات المبللة بالماء المقطر في جمع آثار سوائل الجسم الجافة.

ثالثاً- الشريط اللاصق:

تستخدم هذه الطريقة في جمع الآثار الضئيلة والغير ظاهرة من العديد من الأسطح وخاصة من الملابس ومقاعد السيارات، حيث يتم لصق شريط لاصق شفاف لا يزيد طوله عن 7/5 سنتيمتر على سطح الشيء المراد رفع الأثر من عليه ثم ينتزع الشريط ويوضع على قطعة زجاج نظيفة أو على قطع بلاستيكية مقوى ثم يوضع في حقيبة بلاستيكية مدون عليها بيانات الحرز من الخارج.

رابعا- طريقة الكنس:

تستخدم هذه الطريقة في جمع الآثار من الأماكن التي لا يمكن الوصول إليها بسهوله ومن أرضية السيارة من الداخل، ولكن يجب مراعاة أن تكون الفرشاة المستخدمة في الكنس نظيفة وتستخدم في جمع أثر من مكان واحد لمنع تلوث باقي الآثار.

خامسا - طريقة الشفط بالمكنسة الكهربائية:

تستخدم هذه الطريقة في جمع الآثار الضئيلة الغير ظاهرة من الملابس والسيارات والأشياء الكبيرة بكفاءة عالية، ويعيب هذه الطريقة صعوبة التعامل مع الآثار المجمعة بالمكنسة لكثرتها واستهلاكها لوقت كبير، وتجميعها لأشياء كثيرة قديمة ليس لها علاقة بالجريمة مع ضرورة تنظيفها جيدا قبل الاستعمال الجديد.

وعند جمع ورفع الآثار يجب مراعاة الأتي [1]:

1- توثيق الأثر قبل رفعه عن طريق تصويره تصويرا كاملا يوضح علاقة الأثر بالأشياء المحيطة به ثم يتم تصويره عن قرب لتحديد طبيعة الأثر.
2- اختيار الطريقة المناسبة لرفع الأثر ((الالتقاط اليدوي والمسحة والشريط اللاصق والكنس اليدوي والشفط بالمكنسة الكهربائية)).
3- ترفع الآثار الظاهرة أولا مثل الشعر والألياف ثم السوائل البايلوجيه ((الدم والسائل المنوي واللعاب)) ثم يتم رفع الانطباعات ((بصمات الأصابع المرئية وانطباعات الأحذية)) وأخيرا بصمات الأصابع الغير مرئية التي تحتاج إلى بودرة أو مواد كيميائية لإظهارها.

---

[1] د. هشام عبد الحميد فرج - مصدر سابق - ص151.

الفرع الثاني- الطرق الخاصة لجمع الآثار

هناك بعض الآثار لها خصوصية وطرق خاصة بها يجب على المحقق الإلمام بها، ولعل من أبرزها ما يأتي:

أولاً- طريقة رفع البقع الدموية:

قبل رفع البقع الدموية من مكان وجودها في مسرح الجريمة يجب تصويرها لإثبات حالتها على النحو الذي وجدت عليه، إما بالنسبة لطرق رفع هذه البقع فتعتمد على حالة البقع من حيث السيولة أو الجفاف وعلى طبيعة السطح الموجود عليه وهل هو ثابت أو متحرك، وعلى حجم هذه البقع، واعتمادا على تلك الأمور فأن الطرق العلمية لرفع البقع سوف نتناولها في ما يلي [1]:

1- البقع السائلة:

يتم رفعها بواسطة السحب بحقن ثم توضع في أنبوب العينات وتغلق بأحكام وتحفظ في الثلاجة وترسل إلى المختبر الجنائي فوراً، وإذا تعذر نقلها بسرعة أو حفظها في الثلاجة ترفع على ورق ثم تجفف في الهواء ثم توضع في أنبوب العينات وتغلق وترسل إلى المختبر الجنائي مع كتابة كافة المعلومات المتعلقة بالأثر على المغلف.

2 - البقع الرطبة:

ترفع بواسطة قطعه من القطن أو الشاش المبلل بالماء المقطر وتوضع على البقعة بواسطة ملقط حتى يتم ذوبان البقعة وامتصاصها ثم تترك لتجف في الهواء العادي بعيدا عن التعرض المباشر لأشعة الشمس أو أي مصدر حراري، ثم توضع في أنبوبة اختبار معقمه وترسل إلى المختبر الجنائي.

---

[1] د. منصور عمر المعايطة - مصدر سابق- ص41.

3- **البقع الجافة:**

تعتمد طريقة رفعها على حجمها وأماكن تواجدها وكما يلي:

1- إذا كانت البقع الجافة كبيرة الحجم وتوجد على أسطح ثابتة كالجدران والأرضيات أو أسطح كبيرة فترفع بواسطة الكشط ويتم وضع الكشط على ورقه ملساء نظيفة ثم توضع في أنبوب عينات وتحرز وترسل إلى المختبر الجنائي.

2- في حال كون البقع الجافة صغيرة الحجم وتوجد على أسطح ثابتة أو كبيرة فترفع بواسطة قطعة من الشاش المبلل بالماء المقطر أو الأحماض وتمسح بها البقع ثم تترك لتجف وترسل إلى المختبر الجنائي.

3- في حال وجود البقع الجافة على الأشياء الصغيرة التي يمكن نقلها ترسل تلك الأشياء بالكامل وما عليها من بقع في صناديق إلى المختبر الجنائي.

ثانياً- طريقة رفع البقع المنوية:

1- إذا كانت البقع المنوية المشتبهة جافة وموجودة على الملابس أو أغطية السرير يتم تحديد حدودها الخارجية بقلم ثم تحرز وترسل إلى المختبر الجنائي.

2 -إذا كانت البقع رطبة يوضع عليها ورقة نظيفة لمنع انتقال المني إلى موضع آخر من الملابس أو يتم قص البقعة المشتبهة وإرسالها إلى المختبر الجنائي بعد تجفيفها.

3- إذا وجدت البقع على أجزاء صلبة مثل الخشب أو البلاط وكان حجمها كبيراً يتم كشطها بواسطة شفرة نظيفة وتوضع في أنبوبة زجاجية وترسل إلى المختبر الجنائي.

4- إذا كانت البقع الموجودة على أجزاء صلبة مثل البلاط أو الخشب صغيره وجافه فترفع بواسطة قطعه من الشاش المبلل وتترك لتجف وتحرز وترسل إلى المختبر الجنائي.

5 - إذا كانت البقعة موجودة على شعر العانة للمجني عليها فيتم قص الشعر و وضعه في أنبوبة زجاجية ويحرز ويرسل إلى المختبر الجنائي.

6- إذا وجدت البقعة على الفخذين أو أي مكان بالجسم يتم اخذ مسحه بواسطة قطعه قطنية أو قطعة شاش مبلل بماء مقطر عن طريق مسح مكان البقع جيدا ثم تجفف وتحرز وترسل إلى المختبر الجنائي.

7- في حالات الادعاء بالاغتصاب تؤخذ مسحات مهبلية من الأنثى المجني عليها من قبل ذوي الاختصاص خلال فترة 48 ساعة الأولى من الواقعة وترسل إلى المختبر الجنائي.

8 - في حالات الادعاء بوقوع اللواطه تؤخذ مسحات من الشرج للمجني عليه أو عليها من قبل ذوي الاختصاص خلال 24 ساعة من حدوث الواقعة وترسل إلى المختبر الجنائي [1].

ثالثاً- طريقة رفع آثار اللعاب:

يتم رفع آثار اللعاب في أماكن تواجدها بواسطة مسحه من القطن المبلل خفيفا بالماء المقطر، حيث يمسح بها مكان البقع ((العضة أو إعقاب السجائر)) وبعد ذلك توضع في الهواء الطلق لتجف ثم توضع في أنبوبة زجاجيه وترسل إلى المختبر الجنائي[2].

رابعاً- طريقة رفع آثار البصمات:

تختلف طرق رفع آثار البصمات وفق ظرف كل حالة، فالبصمات الغائرة إذا كانت على جسم يسهل نقله يحرز وينقل بعناية، وإذا كانت على جسم لا ينقل يعمل للبصمات قوالب من مواد تناسب البصمة والجسم الموجودة عليه.

---

(1) د. هشام عبد الحميد فرج- مصدر سابق- ص160.

(2) د. منصور عمر المعايطة – مصدر سابق- ص55.

وترفع البصمات العادية بواسطة شريط رقيق من السلوليد الشفاف يوضع فوق البصمة برفق ثم يرفع الشريط من احد جانبيه فتلصق به البصمة وما بها من المسحوق المستعمل لإظهارها، وبالإضافة إلى هذه الطريقة هناك طرق عديدة لرفع البصمات بعد إظهارها وحفظها بالطرق الكيميائية والطبيعية [1].

خامساً - طريقة رفع آثار الإقدام:

تختلف طريقة نقل آثار الإقدام باختلاف شكل الأثر، وآثار الإقدام تكون على شكلين:

1- الآثار السطحية:

أي الآثار المتروكة على أجسام مستوية صلبة وتكون حاصلة من مادة ملونه عالقة بالقدم كالدم أو الطين أو التراب، وإما أن يكون الجسم الصلب مكسوا بطبقة من التراب أو الرمل فيلتقط القدم منه مساحة مشابهه لشكله تماما، ويتم نقل الآثار السطحية بالطرق التالية [2]:

أ- بالتقاط صوره فوتوغرافيه للأثر وهي أفضل الطرق.

ب- يرسم شكل الأثر على ورقه شفافة بشرط أن توضع على الأثر بكيفية لا تتلفه كان يحاط الأثر ببعض القطع من الخشب أو المقوى حتى تكون ورقة الشفافة مرتفعة عنه.

ج- يرسم شكل الأثر على الزجاج وذلك بأن يؤتى بلوح زجاجي تزيد مساحته على مساحة الأثر ويوضع فوقه مرفوعا بمسافة سنتيمتر واحد بواسطة قطعة رقيقه من الخشب وبعد ذلك يرسم بقلم رفيع شكل الأثر على الزجاج بكل ما يظهر فيه من خطوط. ويلاحظ عند الرسم أن يكون

---

[1] سامي حارب المنذري وآخرون - مصدر سابق - ص140.

[2] عبداللطيف أحمد - التحقيق الجنائي الفني - مصدر سابق - ص119.

الشعاع البصري عموديا تماما على الجزء الجاري رسمه كي يتفادى القائم بالعمل الاختلاف بالمسافة والإبعاد الذي ينجم عادة عن انحراف ذلك الشعاع.

2 - الآثار الغائرة:

أي الآثار التي تترك على سطح لين كالرمل والطين ويتم نقل الأثر في هذه الحالة بأخذ قالبه بعد وصفه وصفا دقيقا وتدوين علامات ومميزاته في محضر التحقيق. والقاعدة المتبعة في اخذ القالب تقضي بملأ الأثر بمادة تكون سائلة عند صبها حتى تتخلل في جميع أجزائه بسهولة ثم تجمد بعد أن تكتسب شكله تماما، وبعد ذلك يرفع القالب.

أ- كيفية تهيئة القالب:

إذا وجد بالأثر ماء يزال بتجفيفه بقطع من الورق النشاف أو باستعمال ماصه صغيره، وإذا وجد بالأثر مادة غريبة كالحصى والحشائش فتزال بخفة بواسطة ملقط وبكيفية لا تضر بالأثر أو تغير شكله. وإذا كانت جدران الأثر سهلة الانهيار كان تكون ترابية أو رملية فيرش عليها رذاذ مادة مثبته بواسطة آلة رش ((ورنيش)) وبعد إعداد الأثر تصب فيه إحدى المواد التالية بحسب الحال:

الجبس الباريسي:

ويفضل استعماله في الأيام الحارة لأن الحرارة تجففه بسرعة وتزيد صلابته ولتحضير هذه المادة يؤتى بكمية نظيفة من الماء يبلغ مقدارها واحد رطل في إناء متسع الفوهة ثم ينشر عليه الجبس بصورة تدريجية مع مواصلة تحريكه وخلطه مع الماء باليد حتى يصبح المزيج في قوام اللبن الرائب، وتراعى السرعة في إجراء عملية الخلط هذه، لأن التباطؤ فيها يفقد بعض خواص الجبس فيأخذ زمنا طويلا في الجفاف، ثم يصب السائل بخفه في الأثر عند العقب مع تقريب فوهة الإناء إليه بقدر الإمكان حتى لا يحفر السائل جزء من جدران الأثر إذا تدفق فيه بقوة على ارتفاع

عال فيه، وبعد إملاء الأثر بمقدار ربع الانج تقريبا يستحسن وضع بعض العيدان الخشبية أو الأشرطة الحديدية الرفيعة فوق هذه الطبقة برفق لأجل تقوية القالب، ثم يستمر في وضع طبقة جديدة من المزيج إلى أن يملأ الأثر الغائر، وبعد أن يتم التصلب بصوره تامة يرفع القالب، وعلامة التصلب هنا هو ارتفاع حرارة القالب ولكي يضمن التصلب بسرعة يخلط المزيج عادة بقليل من ملح الطعام.

الشمع أو البارافين:

ويستعمل في الأيام الباردة لأن الحرارة تعيق تماسكه، ولتحضيره توضع المادة في وعاء نظيف على نار هادئة إلى أن تنصهر جميع أجزائها ثم ترفع عن النار وتترك فترة وجيزة تقل فيها درجة حرارتها أن كانت عالية ثم يصب في الأثر بنفس طريقة صب الجبس الباريسي.

ب- كيفية رفع القالب:

بعد التأكد من أن المادة التي صبت في الأثر قد جمدت وتماسكت أجزائها ترفع بحفر المواضع المحيطة به وبأسفله بمبراة أو بآية آلة رفيعة أخرى بكل عناية وحرص كي لا ينكسر- الأثر ثم يزال ما تعلق به من الطين أو غيره بالماء أو بإمرار فرشة ناعمة علية لتنظيفه.

ويجب التنبيه هنا إلى أنه في الأحوال التي يرفع بها الأثر على المحقق أن يضع إمضاءه علية ثم يوقع معه شهود من الحاضرين إثناء صنع القالب مع بيان تاريخ صنعه والمكان الذي وجد فيه الأثر ورقم القضية وذلك تفاديا من وقوع الخطأ ومنعا لإثارة الشكوى في المستقبل.

سادساً- طريقة رفع آثار الأسنان:

في بداية الأمر يجب اخذ مسحه لعبيه لتحليل الـ D. N. A قبل رفع آثار الأسنان، وآثار الأسنان تكون على نوعين:

1- آثار الأسنان غير الغائرة:

ترفع بأخذ الصور الفوتوغرافية لها، وتقارن مع الصور الفوتوغرافية المأخوذة لقالب أسنان كل من المجني عليه أو المتهم والمشتبه به.

2- آثار الأسنان الغائرة:

ترفع آثار الأسنان الغائرة بعمل قالب للعضة الآدمية سواء كانت على الجلد أو بقايا المأكولات وتقارن مع قالب عضة أسنان المجني عليه أو المتهم أو المشتبه فيهم [1].

سابعاً – طريقة رفع الشعر:

يتطلب رفع الشعر من مسرح الجريمة عناية خاصة، ويتم رفع الشعر بواسطة ملقط غير مسنن أو شريط لاصق وهو بالحالة التي وجد عليها سواء أكان ملوثا بالدم أو المني أو أي من الزيوت والإصباغ وغيرها، ثم يتم وضع العينة في أنبوبة اختبار زجاجية نظيفة وتحفظ كل عينه يتم الحصول عليها بصوره منفردة ويكتب عليها كافة المعلومات [2].

وعند العثور على الشعر ملتصقا بشيء أو أداة وخاصة ما كان قد استعمل في ارتكاب الجريمة كالمطرقة، عليه يجب إرسال هذا الشيء أو هذه الأداة إلى المختبر مع عدم رفع الشعر عنه لفحصها هناك، ولا بد من المحافظة في مثل هذه الحالة على المنطقة التي تحمل الدليل بتغليفها بورق ((سيلفون)) أو ورق واق ولفه بشريط لاصق ورزمها بغية إرسالها إلى المختبر، أما في حال كون الشيء الذي

---

[1] د. كاظم المقدادي – مصدر سابق – ص50.
[2] د. منصور عمر المعايطة – مصدر سابق- ص64.

يلتصق عليه الأثر كبير جدا لا يمكن إرساله إلى الفحص ألمختبري فيجب رفع ذلك الشعر منه وإرساله إلى المختبر كما شرح سابقا [1].

ثامناً- طريقة رفع آثار الأظافر:

يتم تقليم أظافر كل من المجني عليه والمشتبه به أو بهم وينظف ما علق بالأظافر من مواد بالكحت، وتوضع الأظافر وأنواع الكحت في أظرف مناسبة وتحرز وترسل إلى المختبر الجنائي [2].

تاسعاً- طريقة رفع آثار الآلات:

يحتاج لرفع الآثار والعلامات المتروكة من الآلات والعدد والأدوات وغيرها إلى مواد ووسائل خاصة تتلاءم مع طبيعة الآثار التي تكون رقيقة وذات ميزات صغيره جدا، وعند استعمال تلك المواد الخاصة لرفع الآثار يتعين علينا عدم استعمال بطانة من المساحيق أو السوائل تحت هذه المواد لأنها تغطي ما بالأثر من مميزات دقيقة وهذه الوسائل هي [3]:

1- التقاط صورة تفصيلية للآثار قبل عمل أي قالب لها وهذه الطريقة هي المفضلة بالنسبة إلى الطرق الأخرى لضمان الحصول على المميزات الدقيقة، وعادة تؤخذ صورتان أحداهما تظهر الأثر وبما يحيط به لتكون دلاله على وجوده بهذا الموضع والأخرى للأثر نفسه لتوضيح معالمه بدقه.

2 - الصلصال: تجهز عجينة ملائمة من الصلصال وتوضع على أثر الآلة ويضغط عليها بخفة ويرفع في الحال.

---

(1) جارلس أي أوهار و غريغوري أوهار- أسس التحقيق الجنائي- الجزء الثاني- مصدر سابق- ص330.

(2) د. منصور عمر المعايطة- مصدر سابق- ص69.

(3) د. عبدالستار الجميلي- التحقيق الجنائي قانون وفن- مصدر سابق- ص382.

3- المعاجين التي تستعمل في صناعة الأسنان أو الشمع المذاب.

4- الجبس الباريسي- النقي في بعض الحالات، فيصنع قالب للأثر بنفس الشروط والأسلوب المتبع لعمل قالب آثار الإقدام المنوه عنها سابقا.

عاشراً- طريقة رفع آثار وسائط النقل:

تتكون آثار الإطارات أما على سطح جاف أو على سطح لين، فمتى ما عثر عليها يجب على المحقق القيام بما يلي[1]:

1- اختيار الأجزاء الظاهرة من هذه الآثار التي تبرز فيها مواضع التآكل والعلامات المميزة وعلامات التصليح وغيرها.

2- التقاط صور فوتوغرافية للأثر.

3- ينقل أثر العجلة بنفس الطرق التي تستعمل في نقل آثار الإقدام، فإذا كان من الآثار الغائرة يعمل له قالب من الجبس أو الشمع، أما إذا كان الأثر سطحيا ومطبوعا فيكتفي بالتقاط الصور الفوتوغرافية له[2].

---

(1) د. سلطان الشاوي – أصول التحقيق الإجرامي- مصدر سابق- ص215.

(2) John Douglas -Crime investigation resources –London-2004-p4 .

الفصل الثالث
أهمية معاينة مسرح الجريمة

الفصل الثالث

أهمية معاينة مسرح الجريمة

المعاينة من أهم الأدلة في المسائل المادية وقد تكون في بعض الأحوال الـدليل الـقاطع الذي لا يغني عنه دليل سواها [1]، وتُعَد المعاينة من إجراءات التحقيق الأولية التي لا بد مـن القيام بها للوصول إلى معرفة الحقيقة [2]، وهي إجراء لا يتضمن إكراها أو اعتداء عـلى حرمـة الأشخاص. والمعاينة تصوير واقعي لجميع ما يحتويه مسرح الجريمة من مكونـات مـن شـأنها كشف غموض الجريمة، وتساعد المعاينة المحقق في بناء التصور الصحيح الذي يربط بين الآثار المادية وعناصر الجريمة [3].

ومعاينة مسرح الجريمة من أهم إجراءات التحقيق الجنـائي لأهمية الأدلـة المسـتقاة منها التي تكون غالباً ذات دلاله قاطعة طبقاً لقواعد الإثبات. ويؤيد ذلك وقائع كثيرة كـان إجراء المعاينة الفنية فيها الوسيلة المؤيدة لإظهار حقيقة وقوع الجريمة، ومعرفة كيف وقوعها وسببها والتوصل إلى هوية المجرم، لذلك يترتب عـلى المحقق مراعـاة الدقـة والترتيـب وبـذل أقصى ما يمكن من العناية والاهتمام عند إجراءها، للحيلولة دون فقدان مـا يمكـن استخلاصـه عن هذا الطريق من معلومات قيمة، قد تفيد في تنوير التحقيق وتوجيهـه بالسرعة الممكنـة نحو الجهة الموصلة إلى الحقيقة في الحادثة التي يجري التحقيق فيها، ومعاينة مسرح الجريمة إلى جانب

---

[1] أحمد نشأت – رسالة الإثبات- الطبعة السابعة- مكتبة العلم للجميع- بيروت- (د. ت) – ص429.

[2] د. ثلاب بن منصور البقمي- مصدر سابق – ص237.

[3] د. معجب معدي الحويقل- مصدر سابق- ص17.

أهميتها السالفة الذكر قد تدل المحقق في أحوال كثيرة على ضرورة مباشرة بعض الإجراءات التحقيقية الأخرى [1].

ولأهمية هذا الإجراء فإن قانون أصول المحاكمات الجزائية قد أشار إليه حيث تقضي الفقرة (ب) من المادة (52) على أنه: ((يجري الكشف من قبل المحقق أو القاضي على مكان وقوع الحادث لاتخاذ الإجراءات المنصوص عليها في المادة (43) ووصف الآثار المادية للجريمة والإضرار الحاصلة بالمجني علية وبيان الأسباب الظاهرة للوفاة أن وجدت وتنظيم مرتسم للمكان)).

وتعد المعاينة من أهم الإجراءات التحقيقية وتحتل المرتبة الأولى بين إجراءات التحقيق المختلفة، فهي تعبر عن واقع الحادثة تعبيرا شاملاً وصادقاً ودقيقاً، وتزود المحقق بصورة واضحة لمكان الجريمة وإثباتها ونفيها وكيفية ارتكابها وما يتصل بها من آثار تفصح عن الجاني أو الجناة، فالمعاينة بهذا المعنى تعطي صورة متكاملة عن الواقعة منذ بدايتها.

وسوف نتناول دراسة هذا الفصل من خلال مبحثين الأول سوف نتكلم فيه عن أهمية معاينة مسرح الجريمة في الإثبات والثاني نتناول فيه دراسة أهمية معاينة مسرح الجريمة في التحقيق.

---

(1) عبداللطيف احمد – التحقيق الجنائي العملي – مصدر سابق – ص53و54.

المبحث الأول
أهمية معاينة مسرح الجريمة في الإثبات

إن البحث عن الأدلة المثبتة لوقوع الجريمة ونسبتها إلى المتهم، هو من الموضوعات الرئيسية في الإجراءات الجنائية، فبدون هذا الإثبات لا يمكن توقيع الجزاء الجنائي علية [1].

كما يعد الإثبات الجنائي الوسيلة التي يمكن من خلالها الوصول إلى الحقيقة وإقناع القاضي بوجود واقعة تمت ((توافرت فيها جميع الأركان)) أو لم تتم، ومن حيث إسنادها إلى المتهم أو براءته منها، كما يعتبر من الأمور المهمة والعملية التي تكفل فض سبل النزاع والخصومة بين الأفراد وضمان تقرير الحقوق المتنازع عليها وفق الوسائل التي سنتها الشريعة الغراء أو القوانين المختلفة من اجل تحقيق العدل والطمأنينة لكافة أفراد المجتمع باستظهار الحقائق وبيان تفاصيلها والتأكد من طبيعة الوقائع التي حدثت لدى جهات التحقيق، لما لذلك من أهمية بالغة في تحديد الجزاء الذي تقره جهات الحكم بحق المحكوم علية والذي لا يصيب إلا من كان مذنباً[2].

وسوف نتناول دراسة هذا الموضوع من خلال ثلاثة مطالب الأول نتناول فيه مفهوم الإثبات والثاني مدلولات مسرح الجريمة في الإثبات والثالث نتناول فيه طرق الإثبات.

---

(1) د. سامي صادق المُلا – اعتراف المتهم- دراسة مقارنة- دار النهضة العربية – القاهرة – 1969 – ص1.

(2) د. رمسيس بهنام- الإجراءات الجنائية تأصيلاً وتحليلاً- منشأة المعارف- الإسكندرية- 1984 – ص669.

المطلب الأول
مفـــهوم الإثبـــات

الإثبات في اللغة هو مأخوذ من ثَبَتَ الشيءُ يَثبُتُ ثَباتاً وثُبوتا فـهو ثابتُ وأثبَتَـهُ هـو، وثَبَّتَهُ، وثَبَّتَهُ بمعنى [1].

إما الإثبات في الاصطلاح فله معنيان الأول عام وهو يطلق على توثيـق الحـق وتأكيـده عند إنشائه، ويلاحظ أن المعنى هنا مأخوذ من المعنى اللغوي للإثبات، إما المعنى الآخـر فهـو خاص ويتناول معنى الإثبات في الشريعة الإسلامية أو في القوانين الوضعية [2].

فيكون معنى الإثبات في الشريعة الإسلامية هو إقامة الدليل أمام القضاء بالطرق التـي حددتها الشريعة على حق أو واقعة معينة ترتبت عليها آثار، ويقصد بالآثار في التعريـف هنـا الآثار الشرعية [3].

ومن التعريف يستدل أن الإثبات لا يتحقق إلا بإقامـة الـدليل الشرعي الـذي حددتـه وأبانته الشريعة الإسلامية والذي يجب أن يكون لـه أصـل بـأوراق القضـية، وكـذلك لا بـد أن يطرح الدليل بمجلس القضاء حتى يمكن مناقشته من قبـل القـاضي ومـن ثـم تمكـين الخصـوم بالرد علية وبالتالي تأكيد الفعل أو نفيه عن المتهم فيما يتعلق بالواقعـة المتنـازع عليهـا حتـى يتسنى إدراك الآثار الشرعية المترتبة على الواقعة ومن هنا يمكن تسميته بالإثبات الشرعي أي المبنى على القواعد والأسس الشرعية التي حددتها الشريعة الإسلامية وأوجبت التقيد بها.

---

[1] بطرس البستاني – محيط المحيط- مطابع مؤسسة جواد للطباعة – بيروت- 1977 – ص77

[2] محمد بن أحمد أبو حميد – تقارير خبراء الأدلة الجنائية وعلاقتها بإثبات الجريمة – رسالة ماجستير مقدمـة إلى كلية الدراسات العليا في جامعة نايف العربية للعلوم الأمنية – 2003- ص46.

[3] محمد بن أحمد أبو حميد. المرجع نفسه – ص46.

أما معنى الإثبات في القانون فقد عرف بتعريفات عدة وان كانت جميعها تصب في معنى واحد، فعرف بأنه إقامة الدليل أمام القضاء على صحة الواقعة المتنازع عليها بالطرق التي حددها القانون [1].

كما عرف الإثبات بأنه إقامة الدليل أمام القضاء بالطرق القانونية التي حددها القانون على وجود واقعة قانونية ترتبت آثارها [2].

والإثبات هو الوسيلة الثبوتية التي يتوصل إليها قاضي الموضوع من خلال تكوين رأيه وقناعته الوجدانية المستحصله من توافر الأدلة المطروحة أمامه في القضية لغرض إثبات التهمه على المتهم والحكم بالعقوبة المقررة له قانوناً أو نفيها عنه وتقرير الإفراج عنه أو الحكم ببراءته حسب الأصول [3].

أو هو إقامة الدليل أمام القضاء على وجود حق متنازع فيه على حدوث واقعة قانونية بصفة عامة مهما كان أثر هذه الواقعة [4].

وترجع أهمية الإثبات الجنائي إلى إثبات واقعة تنتمي إلى الماضي وليس في وسع المحكمة أن تباشرها منذ وقوعها حتى الحكم فيها، لذا يتعين أن تستعين بوسائل تعيد أمامها رواية تفاصيل ما حدث حتى يمكن لها أن تقدر الدليل في الواقعة، وتنتهي إلى حكم يتفق مع قواعد العدل والمنطق، ولا شك أن الضرر اللاحق بأمن المجتمع ونظامه من ثبوت الاتهام على بريء يكون أكثر فادحة من عدم ثبوته على الفاعل الحقيقي للجريمة [5].

---

(1) رضا المزغني- أحكام الإثبات- معهد الإدارة – الرياض- 1405 هـ - ص4.

(2) عبدالرزاق أحمد السهوري- الوسيط في القانون المدني الجديد. نظرية الالتزام بوجه عام- الإثبات- آثار الالتزام – المجلد الثاني- (د. ت) بغداد. ص13.

(3) علي السماك – مصدر سابق- 165.

(4) جميل الشرقاوي- الإثبات في المواد المدنية- دار النهضة العربية- القاهرة – 1983- ص4.

(5) د. مصطفى محمد الدغيدي – الإثبات وخطة البحث في جرائم القتل في الشريعة الإسلامية والقانون الجنائي – بدون جهة نشر وبدون تاريخ- ص13.

والإثبات الجنائي على مر السنين تطور بمراحل كثيرة ومتعددة استفاد من التطورات العلمية والتقنية المتلاحقة والتي حدثت نتيجة للقفزات الفكرية التي حدثت للبشرية، بعد أن كان الإثبات الجنائي في أزمنه سابقة يعتمد على الطرق والأساليب التقليدية القديمة والتي بالتالي لا ترقى معها الأدلة المقدمة إلى جهات التحقيق والحكم بالقطعية.

أما في هذا العصر فقد تبدلت وتطورت الأساليب والطرق المستخدمة في مجال الإثبات الجنائي نتيجة للتطور الهائل في التقنيات العلمية الحديثة، وكذلك الكوادر الفنية العالية التأهيل والقادرة على التعامل مع العينات والآثار البالغة الدقة المرفوعة من مسارح الحوادث والتي لم يكن من قبل إدراك أهمية مثل هذه الآثار إما لدقة هذه الآثار أو لعدم المعرفة والدراية بهذه الأنواع من الآثار والتي أصبح لها دور كبير في كشف غموض الكثير من الجرائم المعقدة، ورواية ما عاصرة كل أثر تواجد في مسرح الحادث عند ارتكاب الجاني لجريمته [1]، إضافة إلى تطور الأساليب الإجرامية وما يتمتع به المجرمون من قدرة فائقة في السعي إلى إخفاء كل ما من شأنه الدلالة على كشف الجريمة، الأمر الذي يتطلب المواجهة التقنية الحديثة وإثبات الأفعال الإجرامية المعقدة.

وتطورت وسائل الحصول على الأدلة بمرورها بمراحل عدة تتفق في كل عصر من العصور التي ظهرت فيه وتطور الفكر الإنساني [2]، وكان من نتائج هذا

---

[1] السيد المهدي- مسرح الجريمة ودلالته في تحديد شخصية الجاني- أكاديمية نايف العربية للعلوم الأمنية - الرياض- 1993 - ص216.

[2] د. ممدوح خليل بحر - حماية الحياة الخاصة في القانون الجنائي - دراسة مقارنة- مكتبة دار الثقافة للنشر والتوزيع - عمان- الأردن - 1996 - ص464.

التطور قيام نظامين للإثبات: هما نظام الإثبات الحر ونظام الإثبات القانوني، فضلا عـن بـروز بوادر نظام آخر هو نظام الإثبات العلمي [1].

ونطاق الإثبات لا يتحدد فقط بالواقعة محل الاتهام بل يشمل كل مـا يتصل بهـا مـن وقائع قانونية تسهل على القاضي تكوين قناعته. وهـذا يعنـي أن الإثبـات يشـمل العناصـر التكوينية للواقعة للتأكد من مدى مطابقتها للنموذج القانوني لجريمة ما، ومن مدى إسنادها إلى شخص معين [2].

أما وسائل الإثبات: فهي كل نشاط يتجه نحو كشف حالة أو واقعة أو شـخص أو شيء يفيد في إثبات الحقيقة [3]، ويمكننا أن نطلق عليها بإجراءات الإثبات.

أما عناصر الإثبات فهي الأدلة، وتتمثل بالوقائع أو الأشياء أو غيرهـا، والتـي تكشـف عنها إجراءات الإثبات وتنقلها إلى مجال الدعوى [4]، والتي من خلالها يتم إثبات الجريمة.

ويجب أن ينصب الإثبات على وجود واقعة قانونية ترتبت آثارها، أي أن محل الإثبات ليس هو حق المدعي به وإنما ينصب الإثبات على المصدر القانوني المنشئ للحق محل الإدعاء.

ويجب أن يتم الإثبات بإحدى طرق الإثبات التي حددها القانون، ومتـى تـم الإثبـات فأنه يلزم القاضي، أي أنه يتعين علية أن يقضي بالنتائج القانونية المترتبة

---

[1] د. عماد محمد أحمد ربيع- القرائن وحجيتها في الإثبات الجنائي- الطبعة الأولى – دار الكنـدي للطباعـة والنشرـ والتوزيع- عمان – الأردن- 1995- ص13.

[2] د. فاضل زيدان محمد. سلطة القاضي الجنائي في تقدير الأدلة – دراسة مقارنة – دار الثقافة للنشرـ والتوزيع – عمان – 2006 – ص142.

[3] د. رمسيس بهنام – مصدر سابق – ص670.

[4] د. فاضل زيدان محمد – مصدر سابق- ص142.

على هذا الإثبات، لأن ما ثبت أمام القاضي أصبح حقيقة قضائية، لا يستطيع القاضي أن يقضي على خلافها [1].

كما ينصب الإثبات في المسائل الجنائية على وقائع ماضية مجهولة، بل سعى مرتكبها في أغلب الأحوال إلى إخفائها بقصد أن ينأى بنفسه عن دائرة الاتهام وينفي عنه المسئولية. لذا كان لزاماً على المشرع أن يطلق يد الباحثين عن الحقيقة المجهولة للوقائع الجنائية ويعطي لهم الحرية في إثباتها بكافة الطرق والوسائل التي لا تتعارض مع الحريات العامة والكرامة البشرية. وذلك عكس الحال في المسائل المدنية حيث حدد المشرع وسائل الإثبات وقواعد قبولها وقوتها، حيث أن الإثبات المدني ينصب في الغالب على أعمال قانونية، بينما يتعلق الإثبات الجنائي بوقائع مادية، وبناء على ما سبق فأن المحقق يلجأ إلى كافة الوسائل لإثبات وقوع الجريمة ونسبتها إلى مرتكبها [2].

المطلب الثاني

مدلولات مسرح الجريمة في الإثبات

لاحتواء مسرح الجريمة على الآثار المتخلفة عن ارتكابها، يفصح بعضها عن الجريمة وما يتصل بها، والبعض الآخر يتعلق بشخص الجاني أو الجناة أو الشركاء، لهذا كان لمسرح الجريمة مدلوله سواء فيما يتعلق بالجريمة أو الجاني، وسوف نتناول فيما يلي دراسة مدلول مسرح الجريمة ذاتها ثم مدلوله بالنسبة للجاني.

---

[1] د. رمضان جمال كامل- شرح دعوى إثبات الحالة- الطبعة الرابعة- دار الألفي لتوزيع الكتب القانونية – (د. ت) – ص 5.

[2] د. مصطفى محمد الدغيدي- مصدر سابق- ص15.

الفرع الأول - مدلول مسرح الجريمة بالنسبة للجريمة:

من خلال معاينة مسرح الجريمة يمكن التعرف على الأمور الآتية:

أولا - وقت حدوث الجريمة:

يدل مسرح الجريمة على الوقت الذي وقعت فيه الجريمة فإذا وجدت جثة القتيل يستطيع المحقق بمساعدة الطبيب الشرعي أن يتوصل إلى معرفة تاريخ الوفاة بواسطة العلامات والتغيرات التي تطرأ على الجثة عقب الوفاة [1].

ويمكن التوصل إلى وقت ارتكاب الجريمة من خلال المعاينة وسؤال الشهود والمجني عليه - أن كان على قيد الحياة - وسؤال الطبيب وفحص مختلف وظروف وملابسات الحادث ولكن ما أهمية ذلك ؟ وما ضرورة أن يجهد المحقق نفسه حتى يمكنه التوصل إلى أن الحادث ارتكب في يوم معين أو ما بين الساعة كذا أو الساعة كذا في ذلك اليوم ؟ وأهمية ذلك لها جانبان:

الأول ايجابي وهو إثبات تواجد المشتبة فيه داخل المسرح في وقت معاصر أو سابق أو لاحق على ارتكاب الجريمة، وبالتالي فحصه على ضوء ذلك والآخر سلبي في إثبات بُعد شخص معين عن مسرح الجريمة خلال ذات الزمن ويسمى ذلك بتحقيق خط السير فإذا ادعى المشتبه فيه بأن ما بين الساعة كذا والساعة كذا في وقت ارتكاب الحادث كان موجود في مكان أو أماكن أخرى بعيدة عن مسرح الجريمة، وجب تحديد خط سيرة فأن صح ادعائه استبعد عن دائرة الاتهام وكذلك تحقيق خط سير المجني عليه ومعرفة الساعات الأخيرة له قبل ارتكاب الحادث والأماكن التي يتردد عليها الأشخاص الذين شوهدوا معه، وذلك لا يتحدد بالقطع إلا إذا أمكن الجزم بتحديد زمن ارتكاب الجريمة [2].

---

[1] محمود حسن- التحقيق الجنائي العملي والفني- ط1 - بدون جهة نشر- القاهرة - 1993- ص119.

[2] د. سعد أحمد محمود سلامة - مصدر سابق- ص300.

ثانياً- مكان ارتكاب الجريمة:

يدل مسرح الجريمة على المكان الذي وقعت فيه الجريمة، فالعثور على الجثة في غرفة بالمنزل أو داخل مصنع أو في أرض فضاء وبجوارها كمية كبيرة مـن الـدماء فهـذا يـدل عـلى المكان الذي قتل فيه المجني عليه، أما اذا وجدت الجثة مذبوحة بآلة حادة ولم يعـثر المحقـق على بقع دموية في المكان الذي وجدت فيه الجثة فهذا يدل على حصول القتل في مكان آخـر ونقلت الجثة ووضعت في المكان الجديد [1].

ثالثاً- أداة ارتكاب الجريمة:

يدل مسرح الجريمة على الأداة أو السلاح الذي استعمله الجاني في جريمتـه، فـإذا وجـد المحقق أن المجني عليه مذبوحا فأن ذلك يدل على أن القتل كان بسكين أو آلـة حـادة أخـرى حسب ظروف الحال، أو مصاب بأعيرة نارية فتكون أداة ارتكاب الجريمة سلاح ناري [2].

رابعاً- طريقة ارتكاب الجريمة:

قد يوجد سلم خشبي متنقل مسندا إلى حائط المنزل من الخارج أو حبل مدلي أو كسر بباب المنزل الخارجي أو بإحدى نوافذه، كل هذا يدل على طريقة ارتكاب الجريمـة بالتسـلق أو الكسر، وقد لا توجد آثار كما لو ثبت مـن التحقيـق أن الجـاني دخـل المكـان مـن بابـه ولم يشاهد أي أثر في الباب الأمر الذي يدل على استعمال الجاني مفتاح مصطنع وتدور الشبهات نحو خادم المنزل أو من لهم صلة بالمجني علية بمكان الجريمة [3].

---

[1] محمد أنور عاشور- مصدر سابق- ص134.
[2] د. سلطان الشاوي- أصول التحقيق الإجرامي – مصدر سابق – ص302.
[3] محمد أنور عاشور – مصدر سابق – ص135.

خامساً- اتجاه دخول الجاني وانصرافه:

يدل مسرح الجريمة على الاتجاه الذي سلكه الجاني سواء في ذهابه إلى مكان الجريمة أو انصرافه منه، وذلك من آثار الإقدام وخط سيرها واتجاهها، كما تدل تلك الآثار على الأماكن التي ارتادها الجاني وتردد عليها وهو في مكان الجريمة، فإذا داس الجاني في دماء القتيل ثم توجه إلى إحدى الغرف لسرقة النقود فأن أثر القدم وقد علقت الدماء به ينطبع على أرضية الأماكن التي تردد الجاني عليها [1].

سادساً- سبب ارتكاب الجريمة:

يمكن بواسطة المعاينة الوقوف على سبب ارتكاب الجريمة والدافع إليها فوجود القتيل بداخل منزله دون أن يحدث عبث أو سرقة والعثور على نقوده في جيبه أو في دولاب ملابسه كل هذا يدل على أن القتل كان لسبب آخر غير السرقة بخلاف ما إذا وجدت النقود مسروقة ومحتويات الغرفة مبعثره فيكون القتل في هذه الحالة بقصد السرقة. وقد توجد جثة فتاة عذراء ويثبت تقرير الجهة التشريحية أن جنينا في أحشائها فهذا يدل على أن سبب ارتكاب الجريمة غسل العار. وقد تسفر المعاينة عن وجود جثة طفل حديث الولادة وقد ألقيت في بئر أو في ساقية فهذا له دلالته أيضا فقد يكون الحادث انتقاما من والدي الطفل أو للتخلص منه لأمر ما، وقد تشاهد جثة المجني عليه بداخل الحمام وبابه مغلق من الداخل ويوجد بها موقد غازي مشتعل مما يدل على أن الوفاة حدثت خنقا أثناء الاستحمام أما عرضا أو انتحارا [2].

---

[1] سعد أحمد محمود سلامة – مصدر سابق- ص302.

[2] محمد أنور عاشور – مصدر سابق- ص136.

الفرع الثاني- مدلولات مسرح الجريمة بالنسبة للجاني:

وتكشف المعاينة عدة أمور بالنسبة للجاني سوف نتناول دراستها فيما يلي:

أولاً- شخص الجاني:

الجاني مهما احتاط لنفسه وبلغ الحذر مبلغه فلا بد أن يترك أثر له يكشف عن شخصيته، فالجاني يكون في دور الجريمة مضطرب النفس ويسيطر علية الخوف ويريد الإسراع والانتهاء من تحقيق هدفه الإجرامي في أسرع وقت ممكن قبل أن يضبط وهو تحت تأثير هذه الظروف والمشاعر النفسية لا بد وان ينسى شيئاً أو يترك أثراً يكشف عن شخصيته، فربما يدع شيئاً من ملابسه في مكان الجريمة. وقد توجد خصلة من شعر الجاني في يد القتيل ويثبت من تقرير الطبيب الشرعي أنها من شعر الجاني انتزعها المجني علية أثناء التماسك [1].

ثانياً- صناعة الجاني:

يدل مسرح الجريمة على صناعة الجاني أو حرفته فقد يثبت من المعاينة أن الباب فتح بطريقة فنية محكمة تدل على حرفة الجاني بأنه نجار أو حداد، وقد تبين أن أجزاء دقيقة سرقة من السيارة مما يدل على أن الجاني ميكانيكي ملم بالآلات السيارات وتركيبها، وقد توجد بصمة حذاء الجاني منطبعة على الأرض في مكان الحادث ويوجد في الأثر علامة مميزة لا تكون إلا في أحذية الجنود أو العساكر، وقد توجد الجثة وقد قطعت بسكين قطعا منتظما فهذا يدل على حرفة الجاني وأنه طبيب أو قصاب [2].

---

[1] د. سعد أحمد محمود سلامة – مصدر سابق – ص303.

[2] محمد أنور عاشور- مصدر سابق- ص137.

ثالثاً- عادات الجاني:

يرشد مسرح الجريمة عن صفات الجاني وعاداته، فقد يعثر المحقق في مكان الجريمة على إعقاب سجائر من نوع معين يدل على أن الجاني ممن اعتادوا التدخين، وقد يستفاد من آثار الإقدام على أنه أعرج أو طويل القامة، وقد يشير موضع الإصابة وشدتها إلى قوة الجاني البدنية [1].

رابعاً- عدد الجناة:

يساعد مسرح الجريمة على معرفة عدد الجناة فقد توجد آثار أقدام وطبعات أصابع مختلفة ومتعددة في محل ارتكاب الجريمة أو حالة الشيء المسروق وحجمه و وزنه أو تعدد واختلاف أنواع الإصابات في المجني علية [2].

خامساً- علاقة الجاني بالمجني عليه:

تدل المعاينة على مدى صلة الجاني بالمجني علية وما إذا كان يعرف احدهما الآخر أو يجهله، فقد تكون إصابة المجني علية من الخلف مما يدل على مفاجأة الجاني له وأنه جاء إليه من الخلف واعتدى عليه حتى لا يراه المجني علية، وقد يثبت من التحقيق أن الجاني وقت ارتكاب الجريمة غير من ملامحه أو كان يخفي معظم وجهه، والجاني لا يعمد إلى هذه الوسائل إلا إذا كان المجني علية يعرف شخصيته فيتخذ من طرق التخفي ما لا يمكن المجني علية من التعرف علية، وقد يخفي الأخير نقوده في مكان أمين لا يعلم به أحد سوى أحد أصدقاء المجني علية فإذا سرقت النقود فإن البحث يدور حول هذا الشخص الذي يعرف مكان المسروقات [3].

---

[1] د. سلطان الشاوي - أصول التحقيق الإجرامي - مصدر سابق- ص62.
[2] د. أحمد فؤاد عبدالمجيد - التحقيق الجنائي- القسم العملي- ط5 - القاهرة - 1939 - ص205.
[3] محمد أنور عاشور- مصدر سابق- ص138.

سادساً- علاقة الجاني بالمجني عليه:

إن سرقة أشياء ثمينة، أو مبلغ من النقود من درج معين في دولاب، دون بعثرة محتويات الدولاب، أو محتويات الغرفة، يدل على علم السارق بمكان الأشياء والنقود قبل أقدامه على السرقة، وهذا يساعد على حصر الشبهة في الأشخاص الساكنين في ذلك المحل أو المترددون عليه [1].

المطلب الثالث

طـــــرق الإثبـــــات

تتعدد طرق الإثبات في القانون الجنائي فقد تكون نتيجة اعتراف أو شهادة أو رأي خبير، كما قد تستند إلى محاضر وكشوف، وفيما يأتي نحاول تسليط الضوء على كل واحد من هذه الطرق في فقرة مستقلة:

الفرع الأول - الاعتراف:

إن الاعتراف أحد وسائل الإثبات في المسائل الجنائية، وهو أقوى الأدلة تأثيراً في نفس القاضي،ويعد أجدى طرق الإثبات وادفعها حجه،وذلك لوقوعه من صاحب العلاقة نفسه [2].

والاعتراف في اللغة يعني الاعتراف بالذنب والإقرار به على النفس وأقر بالحق يعني اعترف به[3]، وقولهم أنا لا اعترف بهذا القول أي لا أقره والاعتراف بالجميل عرفانه [4].

---

[1] عبد اللطيف أحمد – التحقيق الجنائي العملي- مصدر سابق- ص55.

[2] مراد أحمد العبادي- اعتراف المتهم وأثرة في الإثبات – دراسة مقارنة – دار الثقافة للنشر والتوزيع- عمان- 2008- ص35.

[3] الشيخ الأمام محمد بن أبي بكر عبدالقادر الرازي- المختار الصحيح- الهيئة المصرية العامة للكتب- القاهرة – 1987 – ص427.

[4] حسن سعيد ألكرمي- الهادي إلى لغة العرب- ج 3 – دار لبنان للطباعة والنشر- الطبعة الأولى – (د. ت) – ص198.

أما الاعتراف في الاصطلاح فلم يستقر الفقه على رأي واحد في تحديد معنى الاعتراف في المفهوم الاصطلاحي، فقد عرفة البعض بأنه إقرار المتهم على نفسه بارتكاب الوقائع المكونة للجريمة كلها أو بعضها [1]، والبعض الآخر عرفه بأنه إقرار المتهم بكل أو بعض الوقائع المنسوبة إليه، وبعبارة أخرى هو شهادة المرء على نفسه بما يضرها [2]، وعرفه آخرون بأنه إقرار المتهم على نفسه بصدور الواقعة الإجرامية عنه [3]، وغيرهم يرى بأن المراد بالاعتراف هو تسليم المتهم بالتهمة المسندة إلية تسليماً صريحاً غير مقيد [4]، كما عرفه البعض بأنه إقرار المتهم بكل أو بعض الواقعة المنسوبة إلية أو بظروفها وبعبارة أخرى هو إقرار المتهم بما يستوجب مسؤوليته أو بما يشددها [5]، وسوف نتناول دراسة الاعتراف فيما يلي:

أولاً- عناصر الاعتراف:

يقوم الاعتراف على ركنين هما [6]:

1- إقرار المتهم على نفسه:

يجب أن يكون الاعتراف صادراً من المتهم على نفسه بواقعة تتعلق بشخصه لا بشخص غيره، فإذا تطرق الاعتراف إلى جرائم صدرت من الغير ففي هذه الحالة لا يسما اعترافاً بل شهادة على الغير.

---

(1) د. سامي صادق المُلا – مصدر سابق- ص7.

(2) جندي عبد الملك، الموسوعة الجنائية، دار إحياء التراث العربي، بيروت- 1976- ص113.

(3) د. محمود نجيب حسني – شرح قانون الإجراءات الجنائية- ط 2 – دار النهضة العربية – القاهرة- 1988- ص94.

(4) د. حسن صادق المرصفاوي- شرح قانون الإجراءات الجزائية الكويتي- جامعة الكويت – 1970- ص475.

(5) جمال محمد مصطفى – التحقيق الجنائي والإثبات في القانون الجنائي- مطبعة الزمان- بغداد. 2004 – ص65.

(6) د. سامي صادق المُلا – مصدر سابق- ص7 وما بعدها.

2- الإقرار بالوقائع المكونة للجريمة كلها أو بعضها:

يجب أن يكون موضع الاعتراف هو الوقائع المكونة للجريمة كلها أو بعضها، فالإقرار ببعض وقائع لا تتعلق بالجريمة لا يعتبر اعترافاً بالمعنى المقصود في القانون. وان هذا لا يحول دون أن تستند إلية المحكمة لإثبات ظروف الجريمة. فمثلاً لو اعترف المتهم للمحكمة بأنه كان على علاقة غير مشروعة بالمجني عليها دون أن يعترف بقتلها، ثم استخلصت المحكمة من أدلة أخرى أن هذا المتهم هو الذي ارتكب جريمة القتل، فللمحكمة أن تستند إلى إقراره بأنه على علاقة غير مشروعة بالمجني عليها كباعث لقتلها، دون أن تعتبر ذلك اعترافاً بالمعنى القانوني.

ولا يعتبر اعترافاً إقرار المتهم بصحة التهمه المسندة إلية، ما لم يقر صراحة بارتكابه الأفعال المكونة لها. فلا شأن للمتم بالوصف القانوني للواقعة، إذ أنها عملية ذهنية يقوم بها المحقق أو القاضي لتحديد الوصف القانوني الذي تندرج تحته بعض الوقائع.

ومن ناحية أخرى يشترط في الاعتراف أن ينصب على الوقائع التي ارتكبها المتهم فعلاً، فلا يعتبر اعترافاً ما يصدر عن المتهم بشأن ما يعتزم ارتكابه من أفعال في المستقبل، حتى ولو وقعت الأفعال بعد ذلك. ففي هذه الحالة يلزم للقول بحصول الاعتراف أن يقر المتهم أن تلك الأفعال قد صدرت عنه بالفعل، وهذا الإقرار الأخير هو الذي يعتبر اعترافاً.

ثانياً- شكل الاعتراف:

اعتراف المتهم أما أن يكون شفهياً أو مكتوباً، والاعتراف الشفهي كاف في الإثبات، ويمكن أن يثبت بواسطة المحقق أو كاتب التحقيق أو كاتب الجلسة[1].

---

[1] د. سامي صادق المُلا – مصدر سابق- ص9.

ولكن الاعتراف الشفهي يعتبر أقل قيمه من الاعتراف المكتوب، فكثير من المعترفين ينكرون اعترافاتهم الشفهية ويدعون أنهم أجبروا عليها باستعمال العنف أو التهديدات والوعود. لذلك يجب على المحقق كتابة الاعتراف الشفهي عقب صدوره مباشرة، ويسمح للمعترف بقراءته ثم يوقع عليه لكي لا يترك له فرصة للعدول عنه، فالمتهم الذي يواجه باعترافه المكتوب والموقع عليه من قبله يجد صعوبة في إقناع القاضي بعدم صدوره منه.

والاعتراف المكتوب لا يتطلب أن يكون له شكل معين، فقد يكون مكتوباً على الآلة الكاتبة أو باليد أو في صورة حديث متسلسل أو في شكل أسئلة وأجوبة. وقد نصت بعض التشريعات على أنه يجب لكي يقبل الاعتراف في الإثبات أن يكون مكتوباً وموقعاً عليه من المتهم.

ثالثاً- أنواع الاعتراف:

يقسم الاعتراف من حيث السلطة التي يصدر أمامها الاعتراف إلى قسمين:

1- اعتراف ابتدائي: وهو الاعتراف الذي يدلي به المتهم أمام المحقق.

2- اعتراف قضائي: وهو الاعتراف الذي يصدر من المتهم أمام قاضي التحقيق.

رابعاً- شروط الاعتراف:

ولكي يأخذ الاعتراف كدليل في الإثبات يجب أن تتوفر فيه الشروط التالية[1]:

1- أن تتوفر في المعترف الأهلية اللازمة للاعتراف. أي أن يكون متهما بارتكاب الجريمة المعترف بها، ومتمتعا بالتمييز والإدراك، لكي يفهم التهمه ويدرك معنى وإبعاد ما يعترف به.

---

(1) د. رؤوف عبيد – مصدر سابق - ص561 وما بعدها.

2- أن يصدر الاعتراف عن إرادة حرة، بعيدا عن العنف والوعيد، ومـا شـابه ذلك مـن الوسائل غير المشروعة والتي تضعف الإرادة أو تعدمها [1].

3- أن يكون الاعتراف صريحا لا لبس فيه ولا غموض بحيث لا يحتمل التأويل، فصمت المتهم لا يعتبر قرينه على أدانته إذ أن القانون يخوله الامتناع عن الأجابه [2].

4- أن يكون متعلقاً بالواقعة الإجرامية لا ملابسـاتها المختلفـة، فإقرار المـتهم بوجـود عداوة بينة وبين المجني علية لا يعـد دليلا كافيا في الإثبات مـا لم يسـند بأدلـة كافية أخرى [3].

5- اذا لم يصدر الاعتراف تلقائيا بل تبعته إجراءات معينه فأن هـذه الإجـراءات يجـب أن تكون صحيحة إذ ما يبنى على باطل فهو باطل.

الفرع الثاني - الشهادة:

الشهادة هي تقرير الشخص لما يكون قـد رآه أو سـمعه أو أدركـه عـلى وجـه العمـوم بحواسه [4]، والشاهد هو كل شخص حلف اليمين القانونية وتوافرت فيه قدرة

---

[1] لقد نصت المادة (127) من قانون أصول المحاكمات الجزائية على أنه: ((لا يجوز استعمال وسيله غير مشروعة للتأثير على المتهم للحصول على أقراره، ويعتبر من الوسائل غير المشروعة إساءة المعاملـة والتهديـد بالإيـذاء والإغراء والوعد والوعيد والتأثير النفسي واستعمال المخدرات والمسكرات والعقاقير)).

[2] لقد نصت المادة (126) الفقرة (ب) من قانون أصول المحاكمات الجزائية عـلى أنـه: ((. . . لا يجـبر المـتهم عـلى الأجابه على الأسئلة التي توجه إليه)).

[3] د. سلطان الشاوي- أصول التحقيق الإجرامي – مصدر سابق- ص160.

[4] علي زكي العرابي باشا- المبادئ الأساسية للتحقيقات والإجراءات الجنائية – ج1 – مطبعة لجنة التأليف والترجمة والنشر- القاهرة- 1940- 589.

الإدراك والتمييز على الإدلاء أمام المحقق أو مجلس القضاء بما شاهده من عمل أو سمعه أو أدركه بإحدى حواسه بغية إثبات الجريمة أو نفيها عن المتهم [1].

والشهادة ذات أهميه كبيرة في كل نظام إثبات وقد وصفها الفيلسوف الانجليزي بنتام (Bantam) بأنها أعين وأذان العدالة. ويقول الفيلسوف (Boiroc) أن للشهادة أهمية قصوى في الحياة البشرية سواء كانوا معاصرين أو سابقين، وعن طريقها يمكن أن يوسع الإنسان من دائرة معلوماته من حيث المكان والزمان [2].

وللشهادة أهمية خاصة في المسائل الجزائية، بسبب كونها إحدى الأدلة التي يعتمد عليها في تقرير مصير المتهم فكثيرا ما يكون للشهادة إثناء التحقيق الابتدائي الأثر الأكبر في القضاء بالإدانة أو بالبراءة، بسبب أن الأقوال التي تتضمنها تلك الشهادة غالبا ما تكون قد أدلي بها فور وقوع الحادث وقبل أن تمتد إليها يد العبث وقبل أن يطول عليها الوقت فتضعف معالم الوقائع التي تنصب عليها، لذلك فقد درج القضاء في العديد من أحكامه على بناء تلك الأحكام على الشهادة التي سمعت إثناء التحقيق الابتدائي [3]. وسوف نتناول دراسة الموضوع فيما يلي:

أولاً- أهلية الشاهد:

يشترط في الشاهد أن يكون أهلا للشهادة وقت تحملها وأداءها، والأهلية أما أن تكون طبيعية أو قانونية [4].

---

[1] علي السماك- مصدر سابق- ص296.

[2] د. عماد محمد ربيع- حجية الشهادة في الإثبات الجزائي- دراسة مقارنة - دار الثقافة للنشر والتوزيع- عمان- (د. ت) ص105.

[3] د. حسن بشيت خوين- مصدر سابق- ص108.

[4] علي السماك- مصدر سابق - ص297 وما بعدها.

1- الأهلية الطبيعية:

يشترط في الشاهد أن يكون عند الإدلاء بشهادته عالما بما يقول مدركا للأسئلة الموجهة إليه متأكد أن بوسعه تذكر القضية وإعطاء أجوبة معقولة وهذه الأهلية لا تتوفر إلا اذا كان الشاهد عاقلا مميزا مدركا حرا فيما يقول، وعليه فإذا كان طفلا غير مميز أو كان فاقد التمييز والإدراك لجنة أوعته أو شيخوخة أو مرض في جسمه أو تناول عقاقير مخدرة أعدمتا فيه صفة التمييز والإدراك مما يحول دون تذكره بالقضية التي يشهد فيها أو فهمه الأسئلة الموجهة إليه أو إعطائه أجوبه معقولة أو علمه أن يتكلم الصحيح فلا يعتبر أهلا لأداء الشهادة [1].

وبناءً على ما تقدم يتعين على محكمة الموضوع أن تقرر عدم أهلية الشاهد لأداء الشهادة أمامها وتصرف النظر عن الاستماع إليها للأسباب المذكورة أعلاه.

2- الأهلية القانونية:

وهي التي نص عليها القانون كالنص الوارد في المادة (68) من قانون أصول المحاكمات الجزائية حيث منع القانون جواز سماع الشهادة ضد آخر في حالات معينة ولو كان الشاهد عاقلاً مميزاً حرا فيما يقول وذلك لأسباب تتعلق بالقرابة أو الزوجية، وقد أورد المشرع هذا المنع حرصا منه على كيان الأسرة وصونها من التفكك إذ لو جاز مثلا الأخذ بشهادة الولد على أحد أبوية وبالعكس وذلك لمصلحة أجنبي لأدى ذلك إلى زعزعة الثقة بين أفراد العائلة الواحدة وربما قد يؤدي على انهيارها لذا فقد نصت المادة (68) من قانون أصول المحاكمات

---

[1] لقد نصت المادة (65) من قانون أصول المحاكمات الجزائية على أنه: ((على قاضي التحقيق أو المحقق أن يثبت في محضر التحقيق ما يلاحظه على الشاهد مما يؤثر على أهليته لأداء الشهادة أو تحملها بسبب سنه أو حالته الجسمية أو العقلية أو النفسية)). وكذلك جاء نص المادة (214) من نفس القانون التي نصت على أنه: ((للمحكمة أن تقرر عدم أهلية الشاهد للشهادة اذا تبين لها أنه غير قادر على تذكر تفاصيل الواقعة أو إدراكه قيمة الشهادة التي يؤديها بسبب سنه أو حالته العقلية أو الجسمية)).

الجزائية على أنه: ((أ- لا يكون أحد الزوجين شاهد على الزوج الآخر ما لم يكن متهما بالزنا أو بجريمة ضد شخصه أو ماله أو ضد ولد احدهما. ب- لا يكون الأصل شاهداً على الفرع ولا الفرع شاهداً على أصله ما لم يكن متهما بجريمة ضد شخصه أو ماله. جـ - يجوز أن يكون أحد الأشخاص المتقدم ذكرهم شاهد دفاع للآخر ويهدر من الشهادة الجزء الذي يؤدي إلى إدانة المتهم)).

ثانياً- تحليف الشاهد اليمين:

لما كانت غاية القائم بالتحقيق من سماع الشهادة، هي أن يحصل منها على الحقيقة ولا شيء سواها، فأن هذا الأمر يتطلب من الشاهد أن يكون صادقاً في أقواله. واشتراط تحليف الشاهد اليمين قبل الإدلاء بشهادته ما هو إلا حافز له من أجل قول الحقيقة، لأن من شأن اليمين أن يضع الشاهد أمام ضميره، وأمام الله القائم على كل نفس، وتحذيره من سخطه، والخشية من عاقبة حلف اليمين كذباً [1].

يضاف إلى ذلك أن أداء اليمين من قبل الشاهد يعد بمثابة تنبيه للشاهد بأن ما سيدلي به من أقوال قد تؤدي إلى إدانة بريء أو إفلات مجرم من الجزاء.

وإدراكا للفائدة المتحققة من اشتراط أداء الشاهد اليمين، فقد حرصت اغلب التشريعات النص على هذه الحالة، ومن بين هذه التشريعات تشريعنا العراقي حيث نص على ذلك في المادة (60/ب) من قانون أصول المحاكمات الجزائية بقولها: ((يحلف الشاهد الذي أتم الخامسة عشر من عمره قبل أداء شهادته يمينا بأن يشهد بالحق. أما من لم يتم السن المذكور فيجوز سماعه على سبيل الاستدلال من غير يمين)). وبذلك فإن الشخص الذي لم يتم الخامسة عشر من عمره لا يحلف اليمين القانونية بسبب صغر سنه وشهادته لا ترقى مستوى باقي الشهادات وإنما تسمع على سبيل الاستدلال فقط.

---

[1] د. حسن بشيت خوين- مصدر سابق- ص109.

ولم تكتف التشريعات باشتراط حلف اليمين لحمل الشاهد على قول الصدق، وإنما فوق ذلك رتبت جزاءاً على الشاهد الذي يتكلم بغير الحقيقة، ومـن بـين تلك التشريعات تشريعنا العراقي حيث نص في المادة (252) من قانون العقوبات على أنه: ((من شـهد زورا في جريمة لمتهم أو علية يعاقب بالحبس والغرامة أو بإحدى هاتين العقوبتين)).

ثالثاً- أنواع الشهود:

ويقسم الشهود بالنسبة لموضوع الشهادة إلى نوعين:

1- شهود الإثبات:

وهم من ترد شهادتهم على الوقائع التي يستدل منها على ارتكاب الجريمة وأحوالها ونسبتها إلى المتهم وهؤلاء الشهود يستحضرهم معه المشتكي والمدعي بالحق المدني وكل مـن له علاقة مباشرة ومصلحة مشروعة في الدعوى لإثبات الجريمة ومنهم المحامي وكيـل المـدعي بالحق المدني والمتضرر من الجريمة كما يجوز استقدامه من قبـل المحقـق أو القاضي المختص [1].

2- شهود الدفاع:

وهم الذين تكون شهاداتهم محتوية على الوقائع التـي يستدل منها على عـدم قيـام المتهم بارتكاب الجريمة ونفي التهمة عنه [2].

وغني عن البيان بأن شهادات الشهود يجب أن تكون دائرة حول ظروف الجريمة التـي يمكن أن تدرك بإحدى الحواس، وعليه فلا يجب أن يسأل الشاهد إلا عما رآه أو سـمعة أو أدركه لمسا وشما وذوقا لا عمّا يعتقده أو يظنه أو يرتأيه، إلا

---

[1] ينظر في ذلك نصوص المواد ((10و11و59)) من قانون أصول المحاكمات الجزائية.
[2] د. سلطان الشاوي- أصول التحقيق الإجرامي - مصدر سابق- ص99.

في حالة واحدة عندما يكون الشاهد خبيراً من الخبراء حيث يجوز له إبداء الرأي والاستنتاج من التجارب التي أجراها توصلا لمعرفة الحقيقة.

رابعاً- أهمية الشهادة:

للشهادة أهمية خاصة في المسائل الجنائية، إذ أنها إحدى الأدلة المعنوية التي يعتمد عليها في تقرير مصير المتهم، فقد تقضي على حياة إنسان بريء سواء بالإعدام أو السجن المؤبد أو سوء السمعة، كما أنها قد تكون في نفس الوقت سببا في براءة مذنب يستحق العقاب الشديد.

ونظراً لأهمية الشهادة هذه فقد أصبحت دراستها من خلال شخصية الشاهد من الأمور الضرورية والحيوية في مجال علم التحقيق الإجرامي، إذ أن الشاهد كإنسان يخضع لعوامل عديدة لا حصر لها تؤثر ليس في كيانه الجسمي وحواسه فحسب بل تكوينه النفسي- وفي علاقاته الاجتماعية مما يؤثر بدورة في صحة الشهادة سواء عن قصد أو غير قصد.

وان الحقائق العلمية التي توصل إليها علم النفس بفروعه المختلفة ((التجريبي والمرضي والتحليلي)) قد بينت بأن إدراك الإنسان وانتباهه وذاكرته وعواطفه وتقديره للزمن والمسافة إنما تتأثر بعوامل كثيرة ومختلفة بعضها عضوي وبعضها نفسي- واجتماعي، وبعضها شعوري والبعض الآخر لا شعوري، وهكذا كله بدورة مما يؤثر في صحة الشهادة، ولذلك كان الأصل في الشهادة الخطأ والاستثناء هو الصواب [1].

خامساً- الأسئلة التي توجه إلى الشاهد:

لكل حادث ظروفه وملابساته ووقائعه التي تختلف عن غيره من الحوادث، لهذا لا يمكن وضع نموذج معين للأسئلة التي توجه إلى الشاهد، فهذه الأسئلة تختلف

---

[1] د. سلطان الشاوي- أصول التحقيق الإجرامي- مصدر سابق- ص100.

باختلاف تلك الظروف والملابسات وتتوقف على فراسة المحقق وخبرته ودرايته بشؤون التحقيق ومقتضياته وكلما توافرت في المحقق المقدرة والكفاية كلما جاء تحقيقه متماسكا مترابطا، إما إذا نقصت هذه الكفاية جاء التحقيق مضطربا مفككاً[1].

كما يجب أن تكون الأسئلة التي توجه إلى الشاهد منتجه ومتعلقة بموضوع التحقيق فلا يوجه المحقق أسئلة بعيدة أو خارجة عن الموضوع، وليس التحقيق مجرد أسئلة يلقيها المحقق وإجابات يدونها في محضره أو بكثرة صحفه فتضيع الحقيقة بين سطوره نتيجة لتلك الأسئلة التي لا فائدة من ورائها. وان سلامة التحقيق ودقته تتوقف على حد بعيد على الأسئلة التي توجه إلى الشاهد وكلما كان التحقيق مركزا كلما أمكن الوصول إلى الحقيقة من أقرب السبل وأيسرها.

ويجب أن تكون الأسئلة التي يوجهها المحقق مرتبطة بالواقعة التي يريد المحقق تفهمها أو استيضاحها، فإذا سأل الشاهد عن وقت وقوع الجريمة فيجب أن يوجه إليه جميع الأسئلة المتعلقة بزمان وقوع الجريمة ولا يدع هذه النقطة وينتقل إلى نقطة أخرى قبل أن يفرغ المحقق تماما من استيضاح النقطة الأولى.

وعند البدء بسؤال الشاهد يوجه المحقق إليه سؤالا عاما عن معلوماته ويترك الشاهد يسرد كل ما لدية من أقوال ويدعه المحقق يسترسل في إجاباته فلا يقاطعه ما دام أن الشاهد لم يخرج عن موضوع السؤال، وبعد أن ينتهي الشاهد من الأجابه يسأله المحقق تفصيلا في كل جزئيه يريد استيضاح فيها.

الفرع الثالث - الخبرة:

يقصد بالخبرة الاستشارة القانونية الفنية التي يستعين بها قاضي التحقيق أو المحقق في تقدير المسائل الفنية التي يحتاج تقديرها إلى معرفة أو دراية عمليه، لا

---

[1] محمد أنور عاشور- مصدر سابق- ص203 وما بعدها.

تتوفر لدى من يتولى التحقيق بحكم عمله وثقافته [1]، سواء أكانت تلك المسائل الفنية متعلقة بشخص المتهم أو بجسم الجريمة أو المواد المستعملة في ارتكابها أو آثارها [2].

والخبير هو كل شخص له دراية خاصة بمسألة من المسائل، وقد يستدعي التحقيق فحصه مسألة يستلزم فحصها كفاءة خاصة فنية أو عملية لا يشعر المحقق بتوافرها في نفسه فيمكنه أن يستشير خبيراً، كما إذا احتاج الأمر إلى فحص سبب الوفاة في جريمة قتل، أو تحليل مادة طعام في جريمة تسمم أو كتابه ادعى بتزويرها [3].

ويوجد شبه بين الخبير والشاهد في أن كلا منهما يقرر للقضاء أمراً شاهده أو نتيجة عاينها، ولكنهما في الحقيقة يفترقان حيث أن الشاهد يقرر وقائع مادية رآها بعينه أو سمعها بأذنه أو على وجه العموم أدركها بحواسه، بينما الخبير يعطي رأيا فيما يعرض عليه من الوقائع، ويمكن القول بأن الشاهد يقرر الوقائع ولا يمكن الاستعاضة عنهم بغيرهم، أما الخبراء فغير محددين وللقاضي أن ينتخب من يشاء منهم كما يمكن استبداله عند الضرورة.

ويقدم الخبير رأيه مكتوبا وموقعا من قبله مبينا الإعمال التي قام بها والرأي الذي توصل إليه، ويرفق المحقق هذا التقرير بالأوراق التحقيقية كما أنه من الجائز أن يدلي الخبير برأيه شفوياً أمام المحقق، وفي هذه الحالة على الأخير أن يدونه في محضر التحقيق، ثم يوقع كليهما، وفي كل الأحوال يجوز للمحقق أن يستدعي الخبير ويناقشه فيما جاء في تقريره [4].

وسوف نتناول دراسة الموضوع فيما يلي:

---

[1] د. آمال عبد الرحيم عثمان – الخبرة في المسائل الجنائية- مطابع الشعب- القاهرة - 1964- ص3.

[2] د. حسن بشيت خوين- مصدر سابق- ص114.

[3] علي زكي العرابي باشا- مصدر سابق – ص667.

[4] د. سلطان الشاوي- أصول التحقيق الإجرامي- مصدر سابق – ص170.

أولاً- التزام الخبير بأداء اليمين:

من أجل حمل الخبير على الصدق والأمانة في أداء عمله، وبـث الطمأنينة في آرائه التي يقدمها سواء بالنسبة لتقدير القاضي أو لثقة الرأي العام، فقد حرصت اغلب التشريعات عـلى أن يؤدي الخبير اليمين قبل قيامه بعمله، باستثناء الخبراء المسجلين في جدول الخبراء بسـبب كون هؤلاء لا يمارسون أعمالهـم لأول مـرة إلا بعد حلفهـم اليمـين [1]، وبـالرجوع إلى قانون الإثبات رقم (107) لسنة 1979 فقد نصت المادة 134 / ثانيا بأنه: ((إذا لم يكن الخبير مقيداً في جدول الخبراء وجب أن يحلف يميناً قبل مباشرة مهنته بان يؤدي عمله بالصدق والأمانة، وإذا فات المحكمة تحليف الخبير ابتداء وكان قد أنجـز عمله عـلى الوجـه المطلوب وجـب تحليفه بأنه كان قد أدى عمله بصدق وأمانة)).

ثانياً- قوة رأي الخبير في الإثبات:

تشمل رقابة القاضي أو المحقق لرأي الخبير نواحي متعددة، فحتى يكون هذا الـرأي محلا للثقة، يجب أن يتحقق القاضي أو المحقق دوما من تـوافر كافة الصفات اللازمة التي على أساسها وقع اختيـاره عـلى الخبير، إلا أنه قد تقع في بعض الحـالات ظروف وعوامل مختلفة تؤثر في الخبير إثناء أداء عملة وتنعكس بدورها على تقديراته الشخصية أما لسوء نية أو لمرض أو للانشغال في مسائل أخرى إلى غير ذلك مـن الأسباب التي يسـهل عـلى القـاضي اكتشافها بفحصه لتقرير الخبير وما لابسة من ظروف واعتبارات [2].

ولا شك أن عمل الخبير وآراءه تتوقف إلى حد كبير عـلى كفاءتـه المهنيـة، فكلـما زادت درجة هذه الكفاءة بالتالي مقدرته على البحث السـليم، وتطبيـق الأسـاليب العلميـة والفنيـة المناسبة، والاستخلاص المنطقي لما يصل على إدراكه من بيانات،

---

[1] د. حسن بشيت خوين – مصدر سابق- ص115.
[2] آمال عبد الرحيم عثمان- مصدر سابق- ص292 وما بعدها.

فمن الضروري دراسة التقرير بدقة، ومتابعة كافة الوسائل التي استخدمها الخبير، ومراقبة ما إذا كانت النتائج التي انتهى إليها تتفق من الناحية المنطقية مع ما استخلصه من تجارب وأبحاث، كما تشمل رقابة القاضي بيان ما اذا كان رأي الخبير في حد ذاته دقيقا محدداً حاسماً متفقا مع الأسباب التي أوردها لتبرير وجهة نظرة.

ومن ناحية أخرى فان بحث القاضي أو المحقق يجب أن يتناول أيضا التأكد من موضوعية الخبير في بحثه، وهذا العنصر لا يمكن التحقق منه على الوجه الأكمل إلا بفحص إعمال الخبير والظروف المختلفة التي أحاطت به أثناء تأديته مهنته، ومما يفيد القاضي في هذا المجال اكتشاف العلاقة بين الخبير والمتهم بالأسس التي قامت عليها ثم بيان اتجاه الخبير في تقريره وما اذا كان مهماً بإثبات النواحي التي تقرر مصلحة المتهم دون غيرها، ومن ناحية أخرى فأن إثبات موضوعية الخبير يتطلب أيضاً معرفة ما اذا كان الخبير مشايعا لاتجاه مذهبي معين، حيث أن التحيز العلمي أو النفي في الأبحاث يؤدي إلى نتائج مضلله.

ومتى قدم التقرير فإنه يعد جزءً من أوراق الدعوى ويكون للخصوم مناقشته وللمحكمة تقديره سواء من حيث الوقائع الثابتة منه أو من حيث الرأي أو النتيجة فهو عنصر من عناصر الإقناع ولا يتقيد به القاضي، وإذا لم تقتنع به المحكمة جاز لها أن تعين خبيراً آخر أو خبراء آخرين [1].

والتقرير له في الإثبات قوة الأوراق الرسمية، بمعنى أنه لا يجوز إنكار ما اشتمل عليه من وقائع أثبتها الخبير باعتبار أنه رآها أو سمعها أو علمها في حدود اختصاصه.

---

[1] جمال محمد مصطفى- مصدر سابق- ص157.

المبحث الثاني
أهمية معاينة مسرح الجريمة في التحقيق

يُعد التحقيق في الجريمة من أهم المراحل التي تقطعها الدعوى الجنائية وتلعب معاينة مسرح الجريمة فيها دوراً مهماً في كشف الحقيقة، ويمكن تعريف عملية التحقيق في أي جريمة، بأنها عملية بحث منظم عن الحقيقة ذات العلاقة بجريمة ارتكبت بالفعل أوهناك ادعاء بوقوعها، وحتى يصبح رجل التحقيق قادر على الكشف عن الحقائق المرتبطة بالجريمة، علية أن يعمل وبصورة إيجابيه لدراسة كل الملابسات التي تحيط بالجريمة والكشف عن غموضها، وذلك من خلال الاعتماد على مصدرين أساسيين للمعلومات، أولهما العنصر البشري المتواجد في مسرح الجريمة لحظة وقوعها، ثم العنصر المادي أو الأدلة التي يتم العثور عليها في مسرح الجريمة، وهما عنصران يمكن الإشارة إليهما على التوالي بالتقييم الذاتي، وبنوعية الأدلة التي يتم العثور عليها [1].

والتحقيق لغة يعني البحث عن الحقيقة، واصطلاحا هو مجموعة الإجراءات والوسائل المشروعة يتبعها المحقق للوصول إلى الحقيقة [2].

كما عرف التحقيق بأنه التحري والتدقيق في البحث تلمساً لمعرفة الجاني في جناية ارتكُبت، أو شُرع في ارتكابها، وكذلك في ظروف ارتكابها، ومن أولى متطلباته استعمال الوسائل المشروعة للتحقيق [3].

وعرفه البعض بأنه مجموعة من الإجراءات التي يقوم بها المحقق المختص لغرض اكتشاف حقيقة الجريمة المرتكبة وحقائقها وكيفية ارتكابها والتوصل لمعرفة

---

(1) د. سعد أحمد محمود سلامة – مصدر سابق – ص264.

(2) د. سلطان الشاوي- أصول التحقيق الإجرامي- مصدر سابق- ص11.

(3) د. كاظم المقدادي – مصدر سابق- ص9.

فاعليها وبيان درجة مسؤولية كل فاعل والشركاء تمهيداً لإكمال التحقيق معهم وإحالتهم إلى المحكمة المختصة لينالوا عقابهم العادل [1].

وتبرز أهمية معاينة مسرح الجريمة في التحقيق كونها تهدف إلى كشف غموض الحادث وبيان حقيقته وماهيته، فالمعاينة هي الوسيلة التي ينقل بها المحقق أو الباحث لسلطة التحقيق ومن بعدها صورة صادقه عن تفاصيل الحادث كافة، وكيفية ارتكابه لتكون قادرة على تكوين قناعتها بحقيقة الواقعة المراد إثباتها بصورة مطابقة للواقع، وأن المعاينة هي أفضل الوسائل الموصلة إلى الأدلة التي هي دعامة الإدانة أو البراءة وذلك لأن محلها مسرح الجريمة، كما أن المعاينة تهدف في مرحلة جمع الاستدلالات أو التحقيق إلى الوصول إلى الدليل [2].

كما تساعد المعاينة في الجرائم الغامضة المحقق على وضع خطة مُحكمة لكشف غموض الحادث، وذلك بتكوين الاحتمالات من خلال تصور كيفية وقوع الحادث وسببه والأسلوب الإجرامي وما يعثر عليه من آثار مادية.

ويختلف مسرح الجريمة باختلاف نوعية الجريمة المرتكبة علية، ولهذا فإن لكل من الجرائم طريقتها الخاصة في المعاينة والتحري والتحقيق ونوعية الخبراء والأجهزة المطلوب تواجدها لالتقاط الآثار المادية الموجودة والناتجة من فعل الجاني. لذلك سوف نتناول دراسة هذا الموضوع من خلال ثلاث مطالب الأول أهمية معاينة مسرح جريمة القتل في التحقيق والثاني أهمية معاينة مسرح جريمة السرقة في التحقيق والثالث أهمية معاينة مسرح جريمة الحريق في التحقيق.

---

[1] علي السماك- مصدر سابق- -ص47.

[2] أنور محمد خورشيد – الصورة الملونة الناطقة بالفيلم والفيديو كوسيلة لإثبات الأدلة الجنائية- جامعة نايف العربية للعلوم الأمنية- الرياض- 1984- ص6.

المطلب الأول
أهمية معاينة مسرح جريمة القتل في التحقيق

جريمة القتل العمد هي من اخطر الجرائم كونها تنصب على إزهاق روح الإنسان، وعندما نتكلم عن هذه الجريمة يجب أن نتذكر أول جريمة قتل عمد وقعت على الأرض وهي جريمة قتل قابيل أخيه هابيل قال تعالى ((وَاتْلُ عَلَيْهِمْ نَبَأَ ابْنَيْ آدَمَ بِالْحَقِّ إِذْ قَرَّبَا قُرْبَاناً فَتُقُبِّلَ مِنْ أَحَدِهِمَا وَلَمْ يُتَقَبَّلْ مِنَ الآخَرِ قَالَ لأَقْتُلَنَّكَ قَالَ إِنَّمَا يَتَقَبَّلُ اللَّهُ مِنَ الْمُتَّقِينَ (27) لَئِنْ بَسَطتَ إِلَيَّ يَدَكَ لِتَقْتُلَنِي مَا أَنَا بِبَاسِطٍ يَدِي إِلَيْكَ لأَقْتُلَكَ إِنِّي أَخَافُ اللَّهَ رَبَّ الْعَالَمِينَ (28) إِنِّي أُرِيدُ أَنْ تَبُوءَ بِإِثْمِي وَإِثْمِكَ فَتَكُونَ مِنْ أَصْحَابِ النَّارِ وَذَلِكَ جَزَاءُ الظَّالِمِينَ (29) فَطَوَّعَتْ لَهُ نَفْسُهُ قَتْلَ أَخِيهِ فَقَتَلَهُ فَأَصْبَحَ مِنَ الْخَاسِرِينَ (30) فَبَعَثَ اللَّهُ غُرَاباً يَبْحَثُ فِي الأَرْضِ لِيُرِيَهُ كَيْفَ يُوَارِي سَوْأَةَ أَخِيهِ قَالَ يَا وَيْلَتَا أَعَجَزْتُ أَنْ أَكُونَ مِثْلَ هَذَا الْغُرَابِ فَأُوَارِيَ سَوْأَةَ أَخِي فَأَصْبَحَ مِنَ النَّادِمِينَ))[1].

وعن ابن مسعود أن الرسول عليه الصلاة والسلام قال ((ولا تقتل نفسا ظلماً إلا كان على ابن أدم الأول كفل من دمها لأنه كان أول من سن القتل)).

ولم يعرف القانون القتل العمد، وبالرجوع إلى نص المادة (405) من قانون العقوبات التي نصت على انه: ((من قتل نفساً عمدا يعاقب بالسجن المؤبد أو المؤقت))، ومن هذا النص يتضح أن القانون لم يعرف القتل العمد وإنما تضمن العقوبة فقط، ولكن الفقه وضع عدة تعاريف فقد عرف القتل العمد بأنه إزهاق روح إنسان عمداً بغير حق بفعل إنسان آخر [2].

---

[1] القرآن الكريم – سورة المائدة – الآيات 27-31.

[2] د. ماهر عبد شويش- شرح قانون العقوبات – القسم الخاص- دار الكتب للطباعة والنشر- جامعة الموصل- 1988- ص155.

كما عرف القتل العمد بأنه صدور فعل أو ترك من إنسان بقصد إزالة حياة إنسان آخر بغير حق ويؤدي ذلك إلى وفاته [(1)].

وقد أريد بعبارة بغير حق الإشارة إلى انتفاء هذه الجريمة اذا ما وقع الفعل استعمالاً لحق أو في حالة الدفاع الشرعي ولكن عنصر عدم شرعية الفعل مفهوم من معنى الجريمة حيث أن مصطلح القتل العمد ينصرف إلى القتل المحرم وهولا يشمل غيره [(2)].

وجريمة القتل قد تقع خطأ وقد تكون عمديه وهي تعتبر من اخطر أنواع جرائم الاعتداء على النفس وتشكل إخلالا جسيما بأمن المواطنين وحقهم في الحياة ولذا أوجب المشرع عقوبة شديدة قد تصل إلى الإعدام في بعض الأحيان[(3)]، وقد تقترن جريمة القتل العمد بجرائم أخرى كالسرقة والحريق والاعتداء على العرض[(4)]. وسوف نتناول دراسة الموضوع فيما يلي:

الفرع الأول - التحقيق في جريمة القتل:

لا يمكن إلزام المحقق بأتباع إجراءات معينه محدودة في مختلف جرائم القتل التي يكلف بالتحقيق فيها، وذلك لأن لكل جريمة من جرائم القتل وقائع وظروفاً خاصة بها، مما يتطلب اللجوء إلى أساليب تحقيقيه تلاؤم تلك الوقائع والظروف، غير أن هناك إجراءات أساسية عامة لابد للمحقق من أتباعها وفق أسلوب معين

---

(1) د. محمد إبراهيم إسماعيل- شرح قانون العقوبات المصري في جرائم الاعتداء على الأشخاص - ط3- مطبعة الأنجلو - القاهرة- 1950- ص60.

(2) د. عبدا لستار الجميلي- جرائم الدم- جـ 1- ط2 - مطبعة دار السلام - بغداد - 1973- ص30.

(3) أحمد بسيوني أبو الروس- التحقيق الجنائي والتصرف فيه والأدلة الجنائية - المكتب الجامعي الحديث - الإسكندرية- 2005- ص 601.

(4) ينظر في ذلك نص المادة 1/406/ح من قانون العقوبات.

عند شروعه بالتحقيق في جرائم القتل بمختلف أنواعها، ويفرض هـذا الأسلوب عـلى المحـق القيام بالإجراءات التالية [1]:

أولاً- سرعة الانتقال إلى مسرح الجريمة:

بعد ما يتم تدوين أقوال المخبر في محضر التحقيق وإخبار حـاكم التحقيق والطبيب المختص، يترتب عـلى المحقـق أن ينتقل فـوراً وبـأسرع واسـطة ممكنة إلى مسرح الجريمة، مستصحباً معه المخبر وبعض إفراد الشرطة مـن مسـاعديه، لأن سرعة الانتقـال إلى مسـرح الجريمة تهيئ الفرصة الكافية لضبط معالم الجريمة المرتكبة قبل زوال آثارها، ووضع اليد عـلى الأدلة المادية التي تثبت إسناد الفعل إلى مرتكبه الحقيقي.

ثانياً- استصحاب الخبراء والأدوات اللازمة للتحقيق:

على المحقق أن يستصحب معه عند ذهابه إلى مسرح الجريمة لغرض إجراء المعاينـة الخبراء والأدوات اللازمة للتحقيق، والتي يجب أن تكون جـاهزة، وكـذلك تقضيـ الضرورة أن يستصحب معه المختصين الذين يحتـاج إلى مسـاعدتهم في كشـف الجريمة، كخـبراء طبعات الأصابع و المصورين والطبيب العدلي.

ثالثاً- اتخاذ بعض الإجراءات الفورية عند الوصول إلى مسرح الجريمة:

على المحقق عند وصوله إلى مسرح الجريمة أن يقوم بالإجراءات التالية [2]:

1- تسجيل وقت الوصول إلى مسرح الجريمة.

2- تدوين أسماء الأشخاص الحـاضرين في مسرح الجريمـة، واتخـاذ التـدابير الضرورية لمنعهم من المغادرة وفصل بعضهم عن البعض الآخر تمهيدا لاستجوابهم.

---

[1] عبد اللطيف أحمد – التحقيق الجنائي العملي- مصدر سابق- ص110.
[2] د. عبدا لستار ألجميلي – التحقيق الجنائي قانون وفن- مصدر سابق- ص198.

3- وضع التدابير اللازمة لمنع دخول إي شخص إلى مسرح الجريمة.

4- القاء القبض على فاعل الجريمة أو المشتبه به لأسباب معقولة أن وجدت.

5- فصل شهود الحادث بعضهم عن البعض الآخر للحيلولة دون وقوع تأثير فيما بينهم.

الفرع الثاني - معاينة مسرح جريمة القتل:

يجب ملاحظة أن معاينة مسرح جريمة القتل تتضمن مكان وقوع الركن المادي على شخص المجني علية [1]، وإذا استلزم الأمر الانتقال إلى مسرح آخر وهو مكان إخفاء الجثة أو الأدوات المستخدمة في ارتكاب الجريمة، فيعد هذا المكان الثاني مسرح آخر له متطلباته من حيث إجراء معاينة جديدة بذات الشروط والإجراءات التي اتبعت في المسرح الأول [2].

ويجب على المحقق عند الوصول إلى مسرح الجريمة، إلقاء نظرة على الموقع وملاحظة كل شيء قبل الدخول إليه والتأكد من الحفاظ على المسرح بالحالة التي تركها الجاني عليه.

ولمعاينة مسرح جريمة القتل أهمية كبيره في التحقيق لاحتوائه على آثار العنف والتلاحم بين الجاني والمجني عليه، وما يتخلف عن ذلك من آثار مادية يمكن العثور عليها في أماكن متفرقة بمكان الجريمة، ويجب إثبات حالة المكان من الإضاءة والأبواب الخارجية والنوافذ وكذلك الأبواب الداخلية من حيث كيفية الغلق ومواضع المفاتيح ووسائل التدفئة والدواليب والأثاث والمطبخ وما به من مأكولات ودورة المياه وما بها من مناشف وملابس عليها آثار دماء، والبحث عن الطلقات

---

(1) ينظر في ذلك نص المادة (43) من قانون أصول الجزائية.

(2) د - سعد أحمد محمود سلامة - مصدر سابق - ص267.

النارية في الأماكن التي يحتمل العثور فيها على المقذوفات النارية والأظرف الفارغة والبحث عن الخطابات المكتوبة والموجودة داخل مسرح الجريمة.

كما يجب ملاحظة وضع الأشياء الموجودة بمسرح الجريمة، وهل هي بحالتها الطبيعية أم مبعثر، لأنه في حوادث الانتحار عاده ما يترك المنتحر المكان على حالته الطبيعية بخلاف جرائم القتل بقصد السرقة حيث توجد الأدراج والدواليب والخزائن مفتوحة ومبعثراً ما بداخلها من نقود أو حلي، وقد يعمد الجاني إلى تضليل المحقق بأمور كثيرة من بينها على سبيل المثال، قيام الجاني بعد تنفيذ جريمته بغلق الباب من الخارج بالمفتاح، ويدفعه من أسفل الباب إلى الداخل حتى يوهم جهات التحقيق بأن المجني عليه قد انتحر أو أن الجاني من الأشخاص المعروفين له [1].

الفرع الثالث – معاينة الجثة ومكان تواجدها:

يجب مراعاة الأتي عند معاينة الجثة ومكان تواجدها:

أولاً- معاينة الملابس التي على الجثة:

توصف الملابس بدقة من حيث اللون والحالة التي عليها ممزقه أو مرفوعة أو ملفوفة على أحد الجوانب وما يوجد عليها من آثار دموية أو وجود آثار اختراق رصاصة وغيرها، وضبط محتويات الجيوب من النقود والمستمسكات التي تثبت هويته أو التي تتعلق بمهنته وأموره الشخصية والتي قد تلقي الضوء على معالم الجريمة. فمثلاً أن القتيل يرتدي سترة بيضاء وثوب ازرق ممزق على شكل صليب محترق ذي لون أسود مما يدل على التصاق فوهة المسدس به عند وقوع الجريمة. كذلك وجدت بقع دموية في الجزء الأعلى من سترته ويرتدي سروال

---

[1] د. هلال عبدالله أحمد – شرح قانون العقوبات – القسم الخاص- دار النهضة العربية – ط1- القاهرة- 1987 – ص52 وما بعدها.

ابيض ويحتذي حذاء قهوائي وجوا ريب صوف بيضاء اللون وفي معصمه الأيسر ساعة نوع لوتجين ذات سير جلد اسود وعثر في جيبه الصدري على مبلغ عشرين ديناراً وهوية شخصية تحمل أسمة ((احمد محمد))[1]، وأن بعض الآثار الموجودة على الملابس تدل على نوع الجريمة المرتكبة والآلة المستخدمة في ارتكابها وكذلك تساعد في تحديد المسافة بين الجاني والمجني علية، فوجود آثار مني على ملابس المجني علية مما يدل على حدوث جريمة اغتصاب، وإذا شوهدت آثار وشم بارودي على ملابس المجني علية يدل على قرب المسافة بين الجاني والمجني علية.

ثانياً- وصف الجروح والإصابات والآثار العالقة في الجثة:

يتم وصف الجروح والإصابات في الجثة، والآثار الموجودة في يديها كالشعر والجلد، أو قطعة من قماش وغير ذلك، وكذلك بيان أسباب الموت الظاهرية، فيذكر مثلاً وجد في الجثة جرح قاطع في الكتف الأيمن طوله 3سم وعرضه 1سم وعمقه 2سم ويمتد الجرح إلى عظم الرقبة، ولا توجد جروح وإصابات أخرى، ويظهر أن سبب الوفاة كان النزيف الدموي [2]، وان الجروح والإصابات والسحجات لها أهميتها في التحقيق كونها تفيد في تحديد نوع الجريمة المرتكبة، فوجود سحجات حول الرقبة تشير إلى أن القتل كان بواسطة الخنق، وإذا وجدت سحجات حول الأنف والفم فإنها تدل على حدوث القتل بواسطة كتم النفس، وإذا وجدت سحجات حول الأعضاء التناسلية أو الفخذين فأنها تدل على حادث اغتصاب.

---

(1) د. عبد الستار الجميلي – التحقيق الجنائي قانون وفن- مصدر سابق- ص200.

(2) عبد اللطيف احمد – التحقيق الجنائي العملي- مصدر سابق – ص113.

ثالثا - معاينة جثة المجني عليه:

يصف المحقق الجثة من حيث النوع والسن والشكل العام للجسم، فيذكر إن كانت لذكر أو لأنثى، لطفل أو لرجل كبير طويل القامة أم قصير القامة، بدين الجسم أو نحيف الجسم، وكذلك لون البشرة أبيض أم اسمر، ويصف شعر الرأس طويل أو قصير أسود أو أشيب، حليق الشارب واللحية إلى غير ذلك من الأوصاف العامة ثم يذكر علامات الوشم إن وجدت.

ويوضح المحقق في المعاينة الوضع الذي كانت عليه الجثة ومكان وجودها، إذا وجدت داخل منزل فيحدد المكان الذي وجدت فيه الجثة مثلاً وجدت في الاستقبال وهل كان المجني عليه جالساً على إحدى المقاعد في هذه الحجرة أو كانت الجثة ملقاة على الأرض ويوصف الملابس التي على الجثة، وقد توجد منضدة أمام المقعد الذي كان يجلس عليه المجني عليه ويجد المحقق على المنضدة فنجانين من القهوة أو الشاي وكوبين من الماء، فهذا يدل على أن شخصاً كان يجالس المجني عليه قبيل القتل، وربما وجدت الجثة في الحمام فيعاين المحقق حالتها: هل كانت الجثة عارية أو وجد المجني علية يرتدي بعض الملابس ويذكر في الحالة الأخيرة وصف الملابس وما يشاهده المحقق بها من آثار، ويعاين المحقق نوافذ وأبواب المكان الذي وجدت فيه الجثة، فهل بها كسر أو لا توجد بها آثار من ذلك وهل كان باب الشقة الخارجي مقفولا أم مفتوحاً وإذا وجدت أشياء أخرى حول الجثة يجب حفظها بعد وصفها وتحريزها، ويصف الأشياء التي بداخل الغرفة كخزانة النقود، مقفلة أو مفتوحة أو مهشمه ودولاب الملابس وإدراج المكتب ومحتوياته، مرتبه كما هي أو مبعثرة تدل على العبث بها[1].

كما يجب التأكد من علامات حدوث الوفاة وزمن حدوثها وهل حدثت في مكان الجريمة أو نقلت إليه، وهذا يظهر من وجود السجحات على الجثة في اتجاه

---

[1] محمد أنور عاشور- مصدر سابق- ص104 و105.

معين أو آثار بقع دماء على الأرض، كما توصف الجثة وما بها من إصابات وكيفية حدوثها والآلة المستخدمة والمدة التي مضت عليها، وهل هي حيوية أم غير حيوية، ويفضل أن تبدأ المعاينة من الرأس ثم الجسم فالذراعين والساقين[1].

وأن بعض الآثار تدل على السبب الظاهري للوفاة، فمدخل الطلق الناري يدل على أن سبب الوفاة هو إصابة المجني علية بطلق ناري وأن الأداة المستخدمة في ارتكاب الجريمة هي سلاح ناري، وازرقاق الجثة يدل على أن الوفاة حصلت بسبب الخنق، وانتفاخ الجثة ووجود آثار تصبن عليها يدل على أن سبب الوفاة هو الغرق، وكذلك تساعد الآثار على تحديد الدافع لارتكاب الجريمة، فإذا تعددت الإصابات قد يوحي ذلك بأن الحادث للانتقام، وإذا وجد بتر في احد أعضاء الجسم فبتر العضو التناسلي يوحي أن الحادث للدفاع عن العرض.

وبعد المعاينة تصور الجثة على الوضع التي وجدت علية وتأخذ بصماتها وتصور الإصابات التي بها وتمزقات الملابس وتلتقط لها صور فوتوغرافيه لتوضيح موقعها بالنسبة للمسرح وما به من أشياء[2].

الفرع الرابع - أهمية معاينة مسرح الجريمة في جريمة القتل العمد:

من أهم فوائد معاينة مسرح الجريمة هو أن القائم بالتحقيق يكون فكرة أولية عن وقت وقوع الجريمة ليلاً أو نهاراً والباعث على ارتكابها، وبإمكانه السيطرة على الجزء الأكبر من معالم الجريمة المادية والمعنوية المؤدية إلى كشف الجريمة والتوصل إلى مرتكبها وتوجيه خططه بالتحقيق على وجه معين[3]، ومن خلال

[1] د - سعد أحمد محمود سلامة - مصدر سابق - ص286.

[2] عبد الفتاح مراد - أصول إعمال النيابات والتحقيق الجنائي المعملي- ط3- منشأة المعارف - الإسكندرية - 1990- ص290.

[3] د. وصفي محمد علي - الوجيز في الطب العدلي - ط3 - مطبعة المعارف - بغداد. 1976 - ص28.

المعاينة يمكن معرفة أسلوب ارتكاب الجريمة وكذلك تحديد مكان وقوعها و وقت ارتكابها، ولمعاينة مسرح الجريمة أهمية في التحقيق وعلى سبيل المثال وبتاريخ 2008/11/1 استخبر مركز شرطة البوعجيل التابع لمديرية شرطة العلم ضمن قضاء تكريت وبحوالي الساعة السادسة صباحا عن تعرض المواطن (ص- أ- ح) لحادث قتل إثناء ما كان راقداً في دارة وعلى الفور انتقل المحقق إلى مسرح الجريمة بعد ما أخبر قاضي التحقيق بالحادث، ومن خلال معاينة مسرح الجريمة شوهدت الجثة وهي ملقاة على ظهرها في غرفة الاستقبال وشوهد جرح قطعي بطول 4سم في منطقة الرقبة وكذلك تم مشاهدة ثلاث طعنات في الرأس وتم مشاهدة الدم على ملابس المجني علية والذي كان يرتدي دشداشه زرقاء اللون وكذلك تم مشاهدة الدم على الأرض القريبة من مكان وجود الجثة ولم يتم ملاحظة أي آثار كسـر في أبواب ونوافذ الدار ولم يتم ملاحظة أي آثار بعثرة داخل المنزل، ومن خلال المعاينة والتأكد من علامات الموت ظهر للمحقق بأن المجني عليه لازال على قيد الحياة وتم نقله على الفور إلى مستشفى تكريت التعليمي، ومن خلال معاينة المنطقة القريبة من الدار وعلى بعد 30 متر تم مشاهدة مكان في الأرض حرث حديثاً وبعد حفره وتفتيشه تم العثور على أداة ارتكاب الجريمة وهي سكين ذات حد واحد وقبضة خشبية لونها جوزي وعليها آثار دم تغير لونه بسبب اختلاطه بالتربة ومن خلال فحص الدم الموجود على السكينة ومقارنته بـدم المجني علية ثبت للمحقق بأن هذه السكينة هي التي استخدمت في ارتكاب الجريمة، ومن خلال ما تقدم تم الاشتباه بأحد أولاد المجني علية وهو يدعى (خ - ص- أ) وتم القبض علية والتحقيق معه وادعى بأنه عصر يوم الجمعة المصادف 2008/10/31 اتفق مـع شـقيقه (ح - ص - أ) على قتل والدهم وذلك لوجود خلافات عائلية بينهم وقاما بشراء سكين مـن أحـد المحلات التجارية القريبة من محل سكناهم ضمن منطقة البوعجيل وقاما بإخفائها في مكان قريب من دارهم، وفجر يوم 2008/11/1 وإثناء ما كانا متواجدين في دار والـدهم وبحـوالي الساعة الخامسة صباحا خرج والدهم المجني علية من غرفة

208

النوم إلى غرفة الاستقبال و قد استلقي على فراش وإثناء ذلك دخلا عليه وادعى المتهم (خ- ص) بأنه قام بتقييد المجني علية وقام المتهم (ح- ص) والذي كان يحمل السكينة بذبح المجني علية من رقبته وطعنة ثلاث طعنات في الرأس مما أدى إلى فقد المجني علية الوعي، وبعدها قاما بدفن السكين في مكان قريب من دارهم وتوجها إلى دار أحد أقاربهم وابلغوه بأن والدهم تعرض لحادث قتل من قبل مجهولين، وقرر السيد قاضي تحقيق تكريت توقيفهم وفق المادة 1/406/هـ وبعد أكمال مراحل التحقيق تم أحالتهم إلى المحكمة المختصة لينالا جزاءهم العادل[1]. ومن خلال ما تقدم يتضح لنا بأن الدور الأكبر لكشف غموض الجريمة هو إجراء المعاينة بصوره صحيح حيث تم ومن خلال المعاينة الدقيقة على مسرح الجريمة العثور على أداة ارتكاب الجريمة وهي السكين.

وفي قضية أخرى حصلت واقعتها في شهر كانون الثاني لعام 1996 استخبر مكتب مكافحة إجرام الأعظمية عن تعرض مصرف الأعظمية لحادث سرقة مبلغ ثمانية وثمانين مليون دينار وكذلك قتل الحارس الأمني وعلى الفور انتقل المحقق مستصحباً معه خبير الأدلة الجنائية إلى مسرح الجريمة بعد ما اخبر قاضي التحقيق بالحادث وعند وصوله مسرح الجريمة شاهد جثة الحارس وهي ملقاة على الأرض حيث كان يرتدي ملابس عسكرية لونها زيتوني وقد مثل بجثته وشوهت معالمها، ومن خلال المعاينة الدقيقة وقوة ملاحظة المحقق استطاع أن يشخص الجثة وادعى بأن هذه الجثة لا تعود للحارس الأمني وإنما تعود لشخص آخر وادعى بأن الشخص المقتول سبق وأن توقف لدية في قضية وهو يدعى (ع- ص - ح) وهو من أهالي الحرية وعند ذهاب المحقق إلى دار ذويه والسؤال عنه ادعت والدته بأنه خرج منذ يوم أمس ولم يعد لحد الآن، وطلب منها المحقق التوجه معه إلى معهد الطب العدلي لغرض تشخيص جثة المجني علية وعند حضورها إلى

---

[1] سجلت الدعوى في مركز شرطة البوعجيل برقم (100) بتاريخ 2008/11/1.

معهد الطب العدلي وبعد قيام الطبيب العدلي بمعالجة التشوهات وتنظيف الجثة استطاعت التعرف عليه، وبعدها تم الاشتباه بالحارس الأمني وهو يدعى (أ- م- ص) وعندما تم القبض علية والتحقيق معه اعترف بارتكابه جريمة القتل وسرقة مبلغ قدرة ثمانية وثمانون مليون دينار من المصرف بالاشتراك مع والده المدعو (م- ص- ع) وادعى بأن الشخص المقتول هو صديقة وهو من أهالي منطقة الحرية ويدعى (ع- ص- ح) حيث قام بالاتصال به عن طريق الهاتف والطلب منه الحضور إلى المصرف وذلك لكونه محتاجة في عمل ضروري وعند حضوره إلى المصرف طلب منه المتهم (أ- م- ص) ارتداء الملابس العسكرية بدلا منه وذلك لكون لدية عمل ضروري خارج المصرف وأن المصرف لا يفتح لأي شخص بعد نهاية الدوام مهما كانت هويته وبعد ما قام المجني علية بارتداء الملابس العسكرية قام الجاني بتقديم له الشاي والذي كان فيه مواد منومة وبعد ما نام المجني علية قام بقتله بالاشتراك مع والده والتمثيل بجثة لغرض تضليل السلطات، وبعدها قاما بسرقة المصرف واخذ المبلغ وإيداعه بدار في منطقة حي الاعلام في جانب الكرخ في بغداد[1].

ومن خلال ما تقدم ذكره يتضح لنا إن لمعاينة مسرح جريمة القتل له أهميته في التحقيق، فإن المعاينة الدقيقة تعتبر من مصادر الأدلة الجنائية حيث يستطيع المحقق ومن خلال المعاينة تحديد شخصية المجرم ودوافعه الإجرامية، والدليل على ارتكاب الجريمة بما يغنيه عن مشقة البحث في أماكن أخرى، كما أن معاينة مسرح جريمة القتل تمثل الوسيلة الأساسية للتحقق من وقوع الجريمة ومن ثم تكوين فكرة عن كيفية ارتكابها[2].

---

[1] سجلت الدعوى في مكتب مكافحة إجرام الأعظمية - عام 1996.

[2] ناصر بن حمد ناصر الغانم- دور التقنيات الحديثة في فحص مسرح حوادث الحريق- رسالة ماجستير مقدمة إلى جامعة نايف العربية للعلوم الأمنية- كلية الدراسات العليا- قسم علوم الشرطة - الرياض - 2006- ص92.

المطلب الثاني
أهمية معاينة مسرح جريمة السرقة في التحقيق

لقد تكلم المشرع العراقي عن جريمة السرقة وعقوبتها والظروف المشددة لها في المواد (439 و446) من قانون العقوبات، وقد عرفت المادة 439 من قانون العقوبات السرقة بأنها: ((اختلاس مال منقول مملوك لغير الجاني)).

ويعد مالا منقولا لتطبيق أحكام السرقة النبات وكل ما هو متصل بالأرض أو مغروس فيها بمجرد فصله عنها والثمار بمجرد قطفها والقوى الكهربائية والمائية وكل طاقة أو قوة محرزة أخرى[1].

ويعد في حكم السرقة اختلاس المنقول المحجوز علية قضائياً أو إدارياً أو من جهة مختصة أخرى والمال الموضوع تحت يد القضاء بأي وجه ولو كان الاختلاس قد وقع من مالك المال، وكذلك اختلاس مال منقول مثقل بحق انتفاع أو بتأمين عيني أو بحق حبس أو متعلق به حق الغير ولو كان ذلك حاصلا من مالكه[2].

ولما كانت السرقة هي أخذ المال بطريقة الخفية كان للمعاينة دور كبير في الوصول إلى الجاني الذي نفذ الجريمة تحت ستار الخفاء وذلك عن طريق البحث عن الآثار التي تركها الجاني في مسرح الجريمة، وهذا ما جعل المحقق يتوصل كثيرا إلى الآثار المادية في جرائم السرقة إذ تقود غالباً إلى كشف شخصية الجاني[3]. وسوف نتناول دراسة الموضوع فيما يلي:

---

(1) د. عباس الحسني – شرح قانون العقوبات العراقي الجديد - المجلد الثاني – القسم الخاص – جرائم الاعتداء على الأشخاص والأموال – مطبعة الإرشاد – 1970- ص173.

(2) المرجع نفسه ص173.

(3) د. معجب معدي الحويقل- مصدر سابق- ص106.

الفرع الأول- إجراءات المحقق عند وقوع جريمة السرقة:

يتبع المحقق الإجراءات التالية عند وقوع جريمة السرقة:

1- تدوين إفادة المخبر في محضر التحقيق ذاكراً المعلومات وزمان ومكان وقوعها واسم صاحب المحل المسروق وتحديد موقعة.

2- يرسل المحقق مجموعة من إفراد الشرطة إلى مكان وقوع الجريمة بالسرعة الممكنة وذلك لغرض حراسة المكان، ومنع دخول الناس إلية وخروجهم منه، وعـدم لمـس أي شيء مـع المحافظـة علـى حالـة ووضـعية المحـل للحيلولـة دون ضياع الآثار المتروكة لحين وصول المحقق.

3- ينتقل المحقق مع خبير الأدلة الجنائية بالسرعة اللازمة إلى محل الحـادث للحيلولـة دون ضياع معالم الجريمة أو زوال الآثار التي يتركها المجرم أمـا بفعل الطبيعـة أو بصوره عفويه من قبل ساكنين المحل[1].

الفرع الثاني – معاينة مسرح جريمة السرقة:

إن إجراء المعاينة على مسرح جريمة السرقة يساعد المحقق علـى وضـع خطـة أوليـة لتوجيه التحقيق وتحديد اتجاهاته وكذلك يعين نوعية وطبيعة الإجراءات الواجـب اتخاذهـا، فمن هذه الإجراءات ما يلي[2]:

أولا- تحديد الأماكن الواجب تفتيشها: أن معاينـة مسـرح جريمـة السرقة تسـاعد في تحديد الأماكن الواجب تفتيشها للعثور علـى أمـوال مسـروقة أو مستمسكات ذات علاقـة بالجريمة أو أدوات جرميه مستعملة في ارتكاب الجريمة.

ثانياً- تحديد وقت وقوع السرقة وكذلك الوقت الذي شوهدت فيه الأموال لآخر مـرة، والحالة التي كانت عليها، والأشخاص الذين شاهدوها، وتحديد الشخص الذي اكتشفها[3].

[1] فخري عبد الحسن علي- مصدر سابق- ص163.

[2] د. عبدالستار ألجميلي و محمد عزيز – مسرح الجريمة في التحقيق- مصدر سابق- ص33.

[3] عبد اللطيف أحمد – التحقيق الجنائي العملي – مصدر سابق- ص173.

ثالثاً- تحديد الشهود الواجب الاستماع إلى أقوالهم: من خلال إجراء المعاينة قد يتوصل المحقق من بين الأشخاص الموجودين في مسرح الجريمة أو بواسطتهم إلى شهود العيان في الحادثة أو شهود الدفاع بصدد معرفة مرتكبي الجريمة وشركائهم أن وجدوا أو لنفي التهمه عن المشتبه بهم، ومثال ذلك وفي شهر آذار من عام 1997 وبحوالي الساعة الرابعة عصرا استخبر مكتب تكريت لمكافحة الإجرام عن تعرض دار المواطنة (أ- ق- ح) إلى سرقة والكائن في قضاء تكريت دور الأطباء إثناء ما كانت خارج الدار وعلى الفور انتقل المحقق وبصحبة خبير الأدلة الجنائية إلى مسرح الجريمة وإثناء إجراء المعاينة الفنية على مسرح الجريمة استطاع المحقق التعرف على أحد شهود الإثبات من بين الأشخاص الموجودين بالقرب من مسرح الجريمة وهو يدعى (س- ق – ط) وعند التحقيق معه ادعى بأنه وإثناء ما كان متواجداً في حديقة داره المقابل لمسرح الجريمة شاهد سيارة نوع هوندا بيضاء اللون ذات ماسحة على الزجاجة الخلفية ومصابيحها الأمامية متحركة توقفت بالقرب من الدار المسروقة وكان بداخلها ثلاثة أشخاص ترجل اثنان منهم ودخلا إلى داخل الدار وبقي الشخص الثالث في السيارة يراقب المكان وكذلك تم العثور على طبعة إصبع لأحد المتهمين داخل مسرح الجريمة ومن خلال متابعة السيارات التي تحمل نفس المواصفات لغرض التعرف على مالكيها تم الاشتباه بالمتهم (ع – ح – ف) وبعد ما تم القبض علية والتحقيق معه اعترف بقيامة بارتكاب جريمة سرقة دار المواطنة (أ – ق- ح) وسرقة من دارها مبلغ من المال قدرة ثلاث ملايين ونصف بالاشتراك مع المتهمين كل من (أ- ح- ف) و (س-ع – ج) وعند إجراء المضاهاة لبصمة الأصبع المرفوعة من مسرح

الجريمة مع بصمات أصابع المتهمين جاءت النتيجة مطابقة بصمة الأصبع المرفوعة من مسرح الجريمة مع بصمة أصبع المتهم (ع- ح- ف) فمن خلال المعاينة تمكن المحقق من التعرف على الشاهد وكشف مرتكبي الجريمة[1].

رابعاً- تعيين الخبراء الذي يستعان بهم: يتمكن المحقق من طبيعة ونوعية الأدوات المتروكة في مسرح الجريمة من تعيين الخبراء الذين يعينونه في رفع وتحريز الآثار ألجرميه.

خامساً- تعيين الأشخاص الذين سيجري التحقيق معهم بصفة متهمين: يستطيع المحقق في معظم الأحوال ومن خلال معاينة مسرح الجريمة التوصل إلى مرتكبي الجرائم بصوره أكيدة والقبض على مرتكبيها، ومثال ذلك في شهر آذار من عام 2000 استخبر مكتب تكريت لمكافحة الإجرام عن تعرض محلين للسرقة في تقاطع العلم الدور الأول مختص لبيع المواد الاحتياطية للسيارات والثاني مختصاً للضلاعة ولحيم المعادن، وعلى الفور انتقل المحقق وبصحبته خبير الأدلة الجنائية لغرض إجراء المعاينة الفنية على مسرح الجريمة، وعند إجراء المعاينة على محل الضلاعة تم مشاهدة آثار كسر في باب المحل وكذلك مشاهدة آثار قص في أنابيب الهواء والغاز وسرقة المقاييس، أما محل المواد الاحتياطية فقد تم كسر قفل الباب بواسطة فأس تم العثور علية في محل الحادث وشوهدت علية علامة تعود للجيش العراقي وتم سرقة منه مواد احتياطية وكذلك تم مشاهدة آثار طباعات أحذية على الأرض تعود للأحذية التي يرتديها الجنود في الجيش ومن خلال تتبع آثار الأحذية تم مشاهدة آثار الأنابيب المسحوبة على الأرض ومتوجه باتجاه الوحدة العسكرية التابعة للدفاع الجوي والموجودة خلف المحلات وعند الانتقال إلى الوحدة العسكرية القريبة من مسرح الجريمة ومشاهدة بعض الأدوات التي يستخدمونها تم مشاهدة نفس العلامة الموجودة على الفأس الذي عثر علية في مسرح الجريمة، وبعدها طلب المحقق من بعض الجنود الوقوف على ارض ترابية لغرض مشاهدة

---

[1] سجلت الدعوى في مكتب تكريت لمكافحة الإجرام لعام 1997.

انطباعات الأحذية وبعد رفع أقدامهم من الأرض انطبعت نفس آثار الأحذية الموجودة في مسرح الجريمة وبالتعاون مع أمر الوحدة تم تفتيش قاعات الجنود وتم العثور على المواد المسروقة في داخل دولاب أحد الجنود وهو يدعى (ع – س- ص) وبعد القبض علية والتحقيق معه اعترف بارتكابه جريمة السرقة بالاشتراك مع كل من (ض- ع- خ) و(ح- هـ - ي) وتم القبض عليهم وإحالتهم إلى المحكمة المختصة ونالوا جزائهم العادل، وكان لأجراء المعاينة الفنية أهميته في التحقيق والقبض على الجنات وكشف غموض الجريمة⁽¹⁾. وفي شهر السادس من عام 1999استخبر مكتب تكريت لمكافحة الإجرام عن تعرض دارين في منطقة العلم قرية سمرة إلى سرقة وبعد تلقي البلاغ انتقل المحقق وبصحبته خبير الأدلة الجنائية إلى مسرح الجريمة لغرض إجراء المعاينة وعند إجراء المعاينة لدار المواطن (ح- ر- ش) تبين للمحقق بأن الجاني دخل إلى الدار عن طريق كسر باب السطح بواسطة شيش حديد وتم العثور على أثر طبعة أصبع كانت موجودة على الباب وتم رفعها وتحريزها وبعد دخوله إلى داخل الدار قام بسرقة جهاز فيديو وبندقية كلاشنكوف وناظور ليلي وريموند لتشغيل التلفاز، وبعدها تم إجراء المعاينة الفنية على دار المواطن (ص- ع- ض) والذي تعرض للسرقة في نفس اليوم حيث تم العثور على الريموند المسروق من الدار الأول مما يدل على أن الجاني هو واحد وكذلك تم العثور على حذاء الجاني متروك في دار المواطن (ص – ع – ض) وعند عرض الحذاء لبعض الأشخاص استطاعوا التعرف على صاحبة وهو يدعى (س- خ- ص) وعندما تم القبض علية اعترف بارتكابه جريمة السرقة وتم إجراء المضاهاة لبصمات أصابعه مع البصمة المرفوعة من مسرح الجريمة وجاءت النتيجة مطابقة بصمة الأصبع المرفوعة من محل الحادث مع بصمة أصبع

⁽¹⁾ سجلت الدعوى في مكتب تكريت لمكافحة الإجرام في شهر آذار من عام 2000.

المتهم[1]، فمن خلال المعاينة استطاع المحقق توجيه الاتهام إلى المجرم الحقيقي والتعرف علية وكشف غموض الجريمة.

سادساً- تحديد نوع الإجراءات التحقيقية الفورية الواجب اتخاذها: قد يقرر المحقق إثناء إجرائه المعاينة الفنية على مسرح الجريمة أو بعدها اتخاذ إجراءات تحقيقيه فورية كتخصيص مفرزة تعقيب لتعقيب الجناة من آثار إقدامهم أو من آثار واسطة النقل التي أقلتهم عقب ارتكابهم الجريمة، أو تطويق المنطقة وتمشيطها للقبض على مرتكب الجريمة وشركائه.

ومن خلال ما تقدم يتضح لنا أن لإجراء المعاينة الفنية على مسرح الجريمة له أهميته في التحقيق وكشف غموض الجرائم.

المطلب الثالث
أهمية معاينة مسرح جريمة الحريق في التحقيق

الحريق عملية تفاعل كيميائي تتم بين المادة والأبخرة المتصاعدة منها والأوكسجين بنسبة معينة مما ينتج عن هذا التفاعل حرارة، وغالباً ضوء[2]، وقد نصت المادة 1/342 من قانون العقوبات على أنه: ((يعاقب بالحبس مدة لا تزيد على خمسة عشر ـ سنة كل من أشعل النار عمداً في مال منقول أو غير منقول ولو كان مملوكا له اذا كان من شأن ذلك تعريض حياة الناس أو أموالهم للخطر)). وسوف نتناول دراسة هذا الموضوع فيما يلي:

---

[1] سجلت الدعوى في مكتب تكريت لمكافحة الإجرام في شهر السادس عام 1999.
[2] محمد عبدالحميد خضر- الأمن الصناعي والإطفاء- حقائق واستراتجيات في علم الإطفاء- منشأة المعارف- الإسكندرية - (د. ت) - ص4.

الفرع الأول - إجراءات التحقيق في حوادث الحريق:

غالباً ما يكون التحقيق في جرائم الحريق صعباً، وذلك لان الطرق المستخدمة للمواد المحرقة والأساليب التي ينفذ بها الحريق بالغة التعدد والتنوع بالنسبة للمواد المستعملة في معظم أنواع الأفعال الإجرامية الأخرى، ويتطلب إثبات ارتكاب هذه الجريمة تحمل الكثير من المصاعب، لان الدليل المادي الذي يكشف غموض الجريمة غالبا ما يكون قد دمره الفعل الجنائي [1].

كما يتوقف معرفة نوع الحريق، وهل هو من الحرائق الطبيعية، أو الناشئة عن إهمال أو العمدية، على نتيجة التحقيقات التي يباشرها المحقق الذي عليه أيضاً في حالتي الحريق الناشئ عن إهمال والعمدي تعيين الأشخاص الذين تقع عليهم مسؤولية الحريق وبيان نوع إهمالهم، أو ذكر الأسباب التي دفعتهم لإضرام النار، والوسيلة التي اتبعوها لهذا الغرض.

لذلك يترتب على المحقق عند علمه بحدوث الحريق، الانتقال فوراً إلى محل الحريق، مستصحباً معه بعض مساعديه من إفراد الشرطة، بعد إخباره فرق الإطفاء، أن لم يكن قد تم إخبارها من قبل، وحال وصوله إلى محل حادث الحريق عليه أن يبادر بفتح محضر التحقيق والقيام بالإجراءات التالية [2]:

أولاً- الحصول شفهيا على المعلومات الأولية، عن كيفية حصول الحريق، ووقت حصوله من الأشخاص الذين كانوا موجودين في محل الحريق حين وقوعه، ومن ضابط فرق الإطفاء أن كان قد سبق في الحضور، ثم يلقي نظرة عامة على محل الحريق.

ثانياً- يدون في المحضر وقت وصوله إلى محل الحريق، ووقت ابتداء الحريق.

---

[1] جارلس أي- أوهار وغريغوري أوهار- أسس التحقيق الجنائي – الجزء الثاني- مصدر سابق- ص9.

[2] عبد اللطيف أحمد. التحقيق الجنائي العملي- مصدر سابق- ص156 وما بعدها.

ثالثاً- يباشر بإجراء المعاينة على محل الحريق، سواءً أكان الحريق مستمراً أو قد تم إخماده، ووصفه وتحديده بالنسبة للجهات الأربعة.

رابعا- يجمع ويحفظ جميع الآثار التي يعثر عليها في محل الحريق، لفحصها من قبل الخبراء أن اقتضى فحصها.

خامساً- يرسم مخطط لمسرح الجريمة، ويؤشر على مواضع الآثار التي تهم التحقيق، ويلتقط صور فوتوغرافية لمحل الحريق، والمواضع المهمة فيه أن تيسر ذلك.

سادساً- يستمع إلى إفادات الشهود الذين كانوا موجودين في محل الحريق، أو بقربه حين اندلاع النار، والأشخاص الذين حضرو إلى محل الحريق بعد اندلاعه، ويستفسر منهم عما شاهدوه، وخاصة أول شخص اكتشف الحريق، والاستفهام منه عن كيفية علمه بذلك وعن المظاهر التي لفتت نظره، وفيما اذا كان قد سمع صوت انفجار، أو شم رائحة معينه وغير ذلك.

سابعاً- استجواب صاحب المحل الذي وقع فيه الحريق، أو الشخص الذي يشغل ذلك المحل، أن كان من يشغل المحل هو غير مالكه، والاستفهام منه عن الأشخاص الذين كانوا متواجدين في المحل قبل حدوث الحريق وحين حدوثه، وعن الحالة التي كان عليها المحل قبل حصول الحريق، وهل كانت الأبواب والشبابيك مفتوحة أو مغلوقة، ويستفسر منه عن نوعية وكمية وملكية الأشياء والبضائع التي كانت موجودة في المحل، وعما اذا كان المحل وتلك الأشياء مؤمناً عليها، ويطلب الاطلاع على وثيقة التأمين، ويحقق عن مركزه المالي والديون المتراكمة علية.

ثامناً- يطلب من ضابط فرق الإطفاء تزويده بتقرير عن كيفية وقوع الحريق ووقت وقوعه، ووقت علمه بذلك ووقت وصوله إلى مسرح الجريمة، والتدابير التي اتخذها لإطفاء الحريق، ورأيه في أسباب الحريق.

تاسعاً- من الضروري تزويد ضابط وإفراد فرق الإطفاء بالمعلومات اللازمة لتمكنهم من ملاحظة الأمور التي تهم التحقيق، حين وصولهم إلى محل الحريق إلى

جانب إفهامهم بضرورة قيامهم بحفظ الآثار التي قد يعثرون عليها في محل الحريق.

عاشراً- ينظم تقريراً نهائياً يتضمن خلاصة إجراءاته والنتائج التي توصل إليها بشأن أسباب الحريق، والأدلة التي جمعها ضد مرتكب الجريمة في حالة الحريق العمدي، وسبب الحريق في حالة الحريق الناشئ عن إهمال، ويقدم هذا التقرير مع الأوراق التحقيقية إلى قاضي التحقيق.

الفرع الثاني – معاينة مسرح جريمة الحريق:

يجب على المحقق الانتقال إلى مكان الحادث بعد تلقي البلاغ مباشرة واستطلاعه فور الوصول إليه وذلك قبل تغيير الصورة فيه، وتلف الآثار والانطباعات المنتشرة في نواحيه، وبعدها يجري جولة استطلاعيه عامه تحدد فيها إمكانيات القيام بأعمال الكشف عن الآثار المادية ورفعها وتحريزها. وبديهي أن تكون هناك نقطة انطلاق يمكن الاستناد إليها لتحديد مراحل نشوب الحريق ونوع الأجسام المحترقة ومادتها، وحجم ما أتت عليه النار منها، ويجب أن تكون هذه الجولة شاملة أيضاً بحيث لا تهمل نقطه من المكان المحترق[1].

ويحتاج مسرح جريمة الحريق من القائمين على معاينته الحرص التام، وضرورة الإلمام بظروف الواقعة من المقيمين أو العاملين أو المشاهدين له، والمجني عليهم، وكل من لديه معلومات عن الواقعة أو شم رائحة الدخان، وذلك لاستثمار تلك المعلومات مع عدم أخذها على علتها خشية أن تكون تلك المعلومات مضلله، فتقود فريق البحث إلى الطريق الخاطئ[2].

وإذا لم يتمكن المسئول عن التحقيق من الدخول إلى مكان الحريق عند وصوله إليه لان أعمال الإطفاء لم تنته بعد فعليه أن يكلف احد مساعديه لتثبيت

---

(1) ناصر بن حمد ناصر الغانم- مصدر سابق- ص39 و40.

(2) د. سعد أحمد محمود سلامة – مصدر سابق- ص270.

الصورة الراهنة لأبعاد الحريق بالتقاط عدة صور للمكان المحترق، وهذه الصور تقدم خدمة جليلة للمحقق لأنها تحدد بدقه ما تمكنت النار من إتلافه ثم ما زاد عليه من أعمال الإسعاف والإنقاذ وإطفاء الحريق، وتستعمل في هذه الحالة العدسات المقربة التي تسمح للمصور بالتقاط الصور من مسافة بعيده.

وأن معاينة مسرح جريمة الحريق تتسم بالصعوبة البالغة التي تقتضي- جهداً ودقة وذلك نظراً للتعقيدات التي يواجهها المحقق والخبير الفني في مكان دمره الحريق كله أو جزءً منه أو أنت النيران على ما هو قابل للاشتعال منه، هذا بجانب مياه الإطفاء التي تستخدم فتجرف أمامها ما هو قابل للانفصال وقد تكون آثاراً دقيقة لها أهمية في كشف غوامض الحريق، كما قد تحدث انهيارات للمباني فتزداد المسألة تعقيداً وصعوبة.

الفرع الثالث - تحديد زمن حدوث الحريق:

وهو من الأمور الهامة في تحديد المسؤولية وخاصة في الحالات التي يتأخر فيها ظهور علامات الحريق وآثاره، والمحقق في سبيل الوصول إلى ذلك يجب علية معاينة حالة الأبواب، وكذلك طبيعة تخزين المواد من حيث كونها سريعة الاشتعال أو بطيئة، ففي الحالة الأولى تظهر علامات الحريق خلال فتره وجيزة على عكس الثانية فتتراخى فيها ألسنة اللهب، وأيضاً درجات التفحم وتخللها للأعماق، كما أن نسبة انصهار المعادن كالنحاس والحديد يوضح أنها تعرضت لدرجات حرارة عالية [1].

---

[1] د. سعد احمد محمود سلامة – مصدر سابق- ص272.

المراجع والمصادر

القرآن الكريم

1- إبراهيم المشاهدي، المبادئ القانونية في قضاء محكمة التمييـز (القسـم الجنائي)، مطبعة الجاحظ، بغداد. 1990.

2- إبراهيم غازي و فؤاد أبو الخير، مرشد المحقق، الطبعة الرابعة، مطبعة دار الحياة، دمشق، 1964.

3- ابن القيم الجوزية، الطرق الحكمية في السياسة الشرعية، دار الكتب العلميـة، بـيروت، (د. ت).

4- أحمد بسيوني أبو الروس، التحقيق الجنائي والتصرف فيه والأدلة الجنائية، المكتب الجامعي الحديث، الإسكندرية، 2005.

5- أحمد فؤاد عبدالمجيد. التحقيق الجنائي، القسم العملي، ط5، القاهرة، 1939.

6- أحمد فتحي سرور، أصول قانون الإجراءات الجنائية، دار النهضة العربية، القاهرة، 1984.

7- أحمد نشأت، رسالة الإثبات، الجزء الثاني، ط7، مكتبة العلم للجميع، بيروت، (د. ت).

8- السيد المهدي، مسرح الجريمة ودلالته في تحديد شخصية الجـاني، أكاديميـة نـايف العربيـة للعلوم الأمنية، الرياض، 1993.

9- ألبير شافان وآخرون، جرائم ذات الخطر العام، ترجمة إستبرق صـائب السـامرائي، مطبعة المسرة، بغداد. 2001.

10- الأمام أبي حامد محمد بن محمد الغـزالي، إحيـاء علـوم الـدين، الطبعة الأولى، مجلـد 2، لجنة نشر الثقافة، القاهرة، (د. ت).

11- الفونس رياض ومحمد عبدالقادر، العلم والكشف عن الجريمة، دار الهلال، (د. ت).

12- الشيخ الأمام محمد بن أبي بكر عبدالقادر الرازي، المختار الصحيح، الهيئة المصرية العامة للكتب، القاهرة، 1987.

13- آمال عبدالرحيم عثمان، الخبرة في المسائل الجنائية، مطابع الشعب القاهرة، 1964.

14- أنور محمد خورشيد، الصورة الملونة الناطقة بالفيلم والفيديو كوسيلة لإثبات الأدلة الجنائية، جامعة نايف العربية للعلوم الأمنية، الرياض، 1984.

15- براء منذر كمال عبداللطيف، شرح قانون أصول المحاكمات الجزائية، دار الحامد للنشر والتوزيع، عمان، 2009.

16- بدر خالد خليفة، توظيف العلوم لخدمة العدالة الجنائية، الطبعة الأولى، الكويت، 1996.

17- بطرس البستاني، محيط المحيط، مطابع مؤسسة جواد للطباعة، بيروت، 1977.

18- جارلس أي أوهار، و غريغوري، أوهار، أسس التحقيق الجنائي، الجزء الأول، القسم العام، ترجمة نشأت البكري، المعهد العالي لضباط قوى الأمن الداخلي، الطبعة الأولى، مطبعة التعليم العالي، بغداد. 1988.

19- جارلس أي أوهار، وغريغوري، أوهار، أسس التحقيق الجنائي، الجزء الثاني، القسم الخاص، التحقيق بجرائم معينه، ترجمة نشأت البكري، المعهد العالي لضباط قوى الأمن الداخلي، مطبعة جامعة بغداد. بغداد. 1988.

20- جزاء غازي العصيمي، إسهام البحث الجنائي في الكشف عن الجرائم المقيدة ضد مجهول، جامعة نايف العربية للعلوم الأمنية، مكتبة الملك فهد الوطنية، الرياض، 2002.

21- جلال الجابري، الطب الشرعي القضائي، دار الثقافة للنشر والتوزيع، عمان، 2000.

22- جلال ثروت، نظم الإجراءات الجنائية، بدون جهة نشر، بيروت، 1987.

23- جمال محمد مصطفى، التحقيق الجنائي والإثبات في القانون الجنائي، مطبعة الزمان، بغداد. 2004.

24- جميل الشرقاوي، الإثبات في المواد المدنية، دار النهضة العربية، القاهرة، 1983.

25- جمعة سعدون الربيعي، الدعوى الجزائية وتطبيقاتها القضائية، مطبعة الجاحظ، بغداد. 1990.

26- جندي عبدالملك، الموسوعة الجنائية، دار إحياء التراث العربي، بيروت، 1976.

27- حسن الجو خدار، شرح قانون أصول المحاكمات الجزائية، الطبعة الثانية، دار الثقافة للنشر والتوزيع، عمان، 1977.

28- حسن بشيت خوين، ضمانات المتهم في الدعوى الجزائية، مرحلة التحقيق الابتدائي، دار الثقافة للنشر والتوزيع، عمان، 1988.

29- حسن سعيد ألكرمي، الهادي إلى لغة العرب، ج3، دار لبنان للطباعة والنشر، الطبعة الأولى، (د. ت).

30- حسن صادق المرصفاوي، شرح قانون الإجراءات الجزائية الكويتي، جامعة الكويت، 1970.

31- حسين محمد إبراهيم، الوسائل العلمية في الإثبات الجنائي، دار النهضة العربية، القاهرة، 1981.

32- حسين محمد علي، الجريمة وأساليب البحث العلمي، مطبعة دار المعارف بمصر، (د. ت).

33- رؤوف عبيد، مبادئ الإجراءات الجنائية في القانون المصري، ط12، مطبعة جامعة عين شمس، 1978.

34- رضا المزغني، إحكام الإثبات، معهد الإدارة، الرياض، 1405 هـ

223

35- رضا عبدالحليم عبدالمجيد، الحماية القانونية لجين البشرـ الاستنساخ وتداعياته، دار النهضة العربية، القاهرة، 1988.

36- رمسيس بهنام، الإجراءات الجنائية تأصيلاً وتحليلاً، منشأة المعارف، الإسكندرية، 1984.

37- رمضان جمال كامل، شرح دعوى إثبات الحالة، الطبعة الرابعة، دار الألفي لتوزيع الكتب القانونية، (د. ت).

38- سلطان الشاوي، أصول التحقيق الإجرامي، مطبعة جامعة بغداد، بغداد، 1981.

39- سلطان الشاوي، علم التحقيق الجنائي، مطبعة العاني، بغداد، 1969.

40- سعد أحمد محمود سلامة، مسرح الجريمة، الطبعة الأولى، دار الفكر العربي، القاهرة، 2007.

41- سامي النصراوي، دراسة في أصول المحاكمات الجزائية، الجزء الأول، مطبعة دار السلام، بغداد، 1976.

42- سامي حارب ألمنذري وآخرون، موسوعة العلوم الجنائية (تقنية الحصول على الآثار والأدلة المادية) الجزء الأول، مركز بحوث الشرطة، الشارقة، 2007.

43- سليم إبراهيم حربة وعبدا لأمير العكيلي، شرح قانون أصول المحاكمات الجزائية، الجزء الأول، الدار الجامعية للطباعة والنشر والترجمة، بغداد. 1988.

44- صالح عبدالزهرة الحسون، الموسوعة القضائية، دار الرائد العربي، بيروت، المجلد 1، (د. ت).

45- طه احمد متولي، التحقيق الجنائي وفن استنطاق مسرح الجريمة، منشأة المعارف، الإسكندرية، 2000.

46- طه كاسب فلاح ألدروبي، المدخل إلى علم البصمات، دار الثقافة للنشر والتوزيع، عمان، 2006.

47- عباس الحسني، شرح قانون العقوبات العراقي الجديد. المجلد الثاني، القسم الخاص، جرائم الاعتداء على الأشخاص والأموال، مطبعة الإرشاد. بغداد. 1976.

48- عبدالستار ألجميلي، التحقيق الجنائي قانون وفن، الطبعة الأولى، مطبعة دار السلام، بغداد. 1973.

49- عبدالستار ألجميلي، ومحمد عزيز، مسرح الجريمة في التحقيق، الطبعة الأولى، مطبعة دار السلام، 1976.

50- عبدالستار الجميلي، جرائم الدم، ج1، ط2، مطبعة دار السلام، بغداد. 1973.

51- عبدالحميد الشواربي، البطلان الجنائي، منشأة المعارف، الإسكندرية، 1977.

52- عبداللطيف أحمد. التحقيق الجنائي العملي، شركة الطبع والنشر الأهلية، بغداد، 1963.

53- عبداللطيف أحمد، التحقيق الجنائي الفني، الطبعة الثانية، شركة الطبع والنشر الأهلية، بغداد، (د. ت).

54- عبدالرزاق أحمد السهوري، الوسيط في القانون المدني الجديد. نظرية الالتزام بوجه عام، الإثبات، آثار الالتزام، المجلد الثاني، بدون جهة نشر، (د. ت).

55- عبدالفتاح مراد، أصول أعمال النيابات والتحقيق الجنائي المعملي، ط3، منشأة المعارف، الإسكندرية، 1990.

56- عبدالعزيز حمدي، البحث الفني في مجال الجريمة، سلسلة كشف الجريمة بالوسائل العلمية الحديثة، الطبعة الأولى، عالم الكتب، القاهرة، 1973.

57، عبدالوهاب محمد بدر الدين، التحقيق الجنائي ومهام المحقق في جريمة القتل، مطابع اليمامة، الرياض، 1399 هـ

58- علي السماك، الموسوعة الجنائية، القضاء الجنائي العراقي، الجزء الأول، مطبعة الجاحظ، بغداد. 1990.

59- علي زكي العرابي باشا، المبادئ الأساسية للتحقيقات والإجراءات الجنائية،ج1، لجنة التأليف والترجمة والنشر، القاهرة، 1940.

60- عمر السعيد رمضان مبادئ الإجراءات الجنائية، ج2، دار النهضة العربية، القاهرة، 1984.

61- عماد محمد ربيع، حجية الشهادة في الإثبات الجزائي، دراسة مقارنة، دار الثقافة للنشرـ والتوزيع، عمان، (د. ت).

62- فاضل زيدان محمد، سلطة القاضي الجنائي في تقدير الأدلة، دراسة مقارنة، دار الثقافة للنشر والتوزيع، عمان، 2006.

63- فادي عبدالرحيم الحبشيـ المعاينة الفنية لمسرح الجريمة، دار النشرـ بالمركز العربي، للدراسات والتدريب، الرياض، 1995.

64- فادي عبدالرحيم الحبشي، المعاينة الفنية لمسرح الجريمة والتفتيش، جامعة نايف العربية للعلوم الأمنية، الرياض، 1989.

65- فخري عبدالحسن علي، المرشد العملي للمحقق، مطبعة الزمان، بغداد. 1999

66- فوزية عبدالستار، شرح قانون الإجراءات الجنائية، دار النهضة العربية، القاهرة، 1989.

67- قدري عبدالفتاح الشهاوي، أصول وأساليب البحث الجنائي، عالم الكتب، القاهرة، 1966.

68- قدري عبدالفتاح الشهاوي، الاستدلال الجنائي والتقنيات الفنية، دار النهضة العربية، القاهرة، (د. ت).

69- قدري عبدالفتاح الشهاوي، مسرح الجريمة والحدث الإجرامي وكشف المجهول، الموت الحقيقي، الموت الأكلينكي، دار النهضة العربية، القاهرة، 2006.

70- قدري عبدالفتاح الشهاوي، البحث الفني، (الدليل المادي، التحقيق الجنائي)، عالم الكتب، القاهرة، 1991.

71- كاظم المقدادي، الطب العدلي والتحري الجنائي، محاضرات ألقيت على طلبت الأكاديمية العربية في الدنمارك، 2008.

72- كمال جبرائيل عوصجي، فن طبعات الأصابع، الطبعة الخامسة، 1966.

73- كوثر احمد خالد. الإثبات الجنائي بالوسائل العلمية، مكتب التفسير للنشر والإعلان، اربيل، 2007.

74- ماهر عبد شويش، شرح قانون العقوبات، القسم الخاص، دار الكتب للطباعة والنشر جامعة الموصل، 1988.

75- مارسيل لوكير، الوجيز في الشرطة التقنية، ترجمة بسام الهاشم، الدار العربية للموسوعات، بيروت، (د. ت).

76- محمد إبراهيم إسماعيل، شرح قانون العقوبات المصري في جرائم الاعتداء على الأشخاص، ط3، مطبعة الانجلو، القاهرة، 1950.

77- محمد أنور عاشور، الموسوعة في التحقيق الجنائي العملي، ط2، عالم الكتب، القاهرة، (د. ت).

78- محمد فالح حسن، مشروعية الوسائل العلمية في الإثبات الجنائي، دار النهضة العربية، القاهرة، 1987.

79- محمد عبدالحميد خضر، الأمن الصناعي والإطفاء، حقائق واستراتيجيات في علم الإطفاء، منشأة المعارف، الإسكندرية، (د. ت).

80- محمد محمد عنب، معاينة مسرح الجريمة، المركز العربي للدراسات الأمنية، ج1، الرياض، 1990.

81- مخايلة ألحود. شرح قانون أصول المحاكمات الجزائية، مطبعة صادر، بيروت، 1994.

227

82- محمود محمد عبدالله، التقنيات الحديثة في مجال علم البصمات، القيادة العامة لشرطة دبي، مركز البحوث والدراسات، الطبعة الأولى، دبي، 2000.

83- مصطفى محمد الدغيدي، الإثبات وخطة البحث في جرائم القتل في الشريعة الإسلامية والقانون الجنائي، بدون جهة نشر، (د. ت).

84- محمود حسن، التحقيق الجنائي العملي والفني، الطبعة الأولى، بدون جهة نشر، القاهرة، 1993.

85- ممدوح خليل بحر، حماية الحياة الخاصة في القانون الجنائي، الطبعة الأولى، دار الكندي للطباعة والنشر والتوزيع، عمان، 1995.

86- مراد احمد العبادي، اعتراف المتهم وأثرة في الإثبات، دراسة مقارنة، دار الثقافة للنشر والتوزيع، عمان، 2008.

87- محمود نجيب حسني، شرح قانون الإجراءات الجنائية، ط2، دار النهضة العربية، القاهرة، 1988.

88- معجب معدي الحويقل، دور الأثر المادي في الإثبات الجنائي، الطبعة الأولى، مكتبة الملك فهد الوطنية، الرياض، 1999.

89- منذر كمال عبداللطيف، علم التحقيق الجنائي، مكتب النعم للطباعة، بغداد. 1980.

90- منصور عمر المعايطة، الأدلة الجنائية والتحقيق الجنائي، دار الثقافة للنشر والتوزيع، عمان، 2007.

91- هلال عبدالله احمد، شرح قانون العقوبات، القسم الخاص، دار النهضة العربية، القاهرة، 1987.

92- هشام عبدالحميد فرج، معاينة مسرح الجريمة، مطابع الولاء الحديثة، 2007.

93- وصفي محمد علي، الوجيز في الطب العدلي، ط3، مطبعة المعارف، بغداد. 1976.

94- حسن صادق المرصفاوي، الجوانب العلمية في التحقيق الجنائي، المجلة الجنائية القومية، القاهرة، العدد الثالث، المجلد الحادي عشر، 1986.

95- وهبه علي، مسرح الجريمة، مجلة الأمن العام، القاهرة، العدد 57، 1972.

96- ثلاب بن منصور البقمي، دور الأساليب العلمية الحديثة في تحديد مرتكبي التفجيرات الإرهابية، رسالة دكتوراه، مقدمة إلى جامعة نايف العربية للعلوم الأمنية، الرياض، 2007.

97- عبدالله عبدالعزيز المسعد. إجراءات المعاينة الفنية لمسرح الحدث الإرهابي، رسالة ماجستير، مقدمة إلى جامعة نايف العربية للعلوم الأمنية، الرياض، 2006.

98- محمد بن احمد أبو حميد، تقارير خبراء الأدلة الجنائية وعلاقتها بإثبات الجريمة، رسالة ماجستير، مقدمة إلى جامعة نايف العربية للعلوم الأمنية، الرياض، 2003.

99- محمد زابن العتيبي، مهارات معاينة مسرح حادث الانتحار، رسالة ماجستير، مقدمة إلى جامعة نايف العربية للعلوم الأمنية، الرياض، 2005.

100- محمد محمد عنب، المعاينة الفنية لمسرح الجريمة، رسالة دكتوراه، مقدمه إلى أكاديمية الشرطة كلية الدراسات العليا، القاهرة، 1988.

101- ناصر بن محمد الغانم، دور التقنيات الحديثة في فحص مسرح حوادث الحريق، رسالة ماجستير مقدمة إلى جامعة نايف العربية للعلوم الأمنية، كلية الدراسات العليا، قسم علوم الشرطة، الرياض، 2006.

102- قانون العقوبات العراقي رقم 111 لسنة 1969 المعدل

103- قانون أصول المحاكمات الجزائية رقم 23 لسنة 1971 المعدل.

104- قانون الإثبات رقم 127 لسنة 1979

105- قانون الصحة العامة رقم 89 لسنة 1980 المعدل.

106- قانون رعاية القاصرين رقم 78 لسنة 1980 المعدل.

107- قانون المصارف العراقية، صدر بأمر سلطة الإئتلاف المنحلة رقم 93، لسنة 2004.

108- دستور جمهورية العراق لسنة 2005

109- Inman. Keith. and. Norah-principles. and prdctice of crimin olist. Bocoi, (2001)

110- John Douglas, Crime investigation resources, London, 2004